Histoire
de
Notre-Dame de Font-Romeu
(Diocèse de Perpignan),

PAR L'ABBÉ ÉMILE ROUS,

Chanoine honoraire.

Société de Saint-Augustin,

DESCLÉE, DE BROUWER ET Cie.

LILLE. — 1890.

Histoire
de Notre-Dame de Font-Romeu
(Diocèse de Perpignan).

Vue de Font-Romeu prise du midi.

Histoire
de
Notre-Dame de Font-Romeu
(Diocèse de Perpignan),

PAR L'ABBÉ ÉMILE ROUS,

CHANOINE HONORAIRE.

Société de Saint Augustin,

DESCLÉE, DE BROUWER ET Cie.

LILLE. — 1890.

AVEC L'APPROBATION DE L'ORDINAIRE.

PROPRIÉTÉ DE L'ŒUVRE DE FONT-ROMEU.

TOUS DROITS RÉSERVÉS.

PRÉFACE.

Dans mon premier dessein, ce livre ne devait pas avoir de préface. Une réflexion plus mûre m'a fait reconnaître la nécessité d'expliquer, en quelques mots, l'utilité, la nature et la raison particulière de cette publication nouvelle.

Je puis dire, sans l'idée d'enfler ma vanité ni de blesser les susceptibilités les plus délicates, que le sanctuaire dédié à Marie, au sommet de nos montagnes, sous le vocable de Notre-Dame de Font-Romeu, *n'a pas eu jusqu'à cette heure d'histoire proprement dite.*

Le fonds de tout ce qui a été produit sur ce sujet a été emprunté au Jardin de Marie, *du Révérend Père* Camos, *de l'Ordre des Frères-Prêcheurs, qui s'est borné, selon sa manière, à décrire la légende traditionnelle, l'image vénérée de la Vierge et à rapporter quelques faveurs signalées, après avoir rapidement énuméré les fêtes et pèlerinages célébrés dans ce lieu, en plein dix-septième siècle.*

Feliu de la Peña, *dans ses* Anales de Cataluña, *n'a fait que résumer son récit.*

J'ai quelque motif de supposer qu'un premier

essai de notice a été fait au commencement du dix-huitième siècle. L'opuscule, qui devait être imprimé chez Régnier, *à Perpignan, n'a pas été, sans doute, livré au jour. Le projet conçu n'a pas eu sa pleine exécution.*

Monseigneur TOLRA DE BORDAS *composa, il est vrai, à la veille de sa première cléricature, un travail plus étendu, qui a pour titre :* Pèlerinage à Notre-Dame de Font-Romeu (diocèse de Perpignan) ou Notice historique et topographique sur l'ermitage de ce nom. *Mais l'auteur a dû s'avouer à lui-même que cet écrit est loin d'être complet et de répondre à ses propres désirs.*

Sa notice publiée en 1855 est d'ailleurs épuisée depuis longtemps et je regrette vivement, pour ma part, qu'une nouvelle édition, considérablement augmentée et annoncée depuis trois ans, comme étant en préparation, n'ait pas encore été mise au jour. J'ai la certitude qu'elle m'eût fourni des informations précieuses dont je me serais empressé de faire mon profit.

Une feuille portant l'image de la Vierge fut gravée quelque temps après, à Toulouse, sous le titre de NOTRE-DAME DE FONT-ROMEU, *avec prières et invocations pieuses. Elle ne contient aucun renseignement nouveau.*

Le vénérable monsieur Ls. Just, *de Bompas, consacrait, en 1860, dans les* Ermitages du diocèse de Perpignan, *à* Notre-Dame de Font-Romeu, *une notice de dix pages, où il a su condenser, avec exactitude et simplicité, presque tous les détails historiques connus jusqu'à lui.*

Monsieur Hamon, *curé de Saint-Sulpice de Paris, n'a fait que reproduire, en les abrégeant, dans le grand ouvrage qui a pour titre :* Notre-Dame de France, ou histoire du culte de la sainte Vierge en France, *les indications fournies par* MM. Just *et* Tolra de Bordas.

Enfin, je ne cite que pour mémoire les Guides en Roussillon, *de* MM. Henry *et* Vidal *qui n'ont parlé de* Font-Romeu *qu'au point de vue du touriste et qui n'apprennent rien.*

Ce coup d'œil rapide sur ce qui a été fait, révèle bien, me semble-t-il, qu'il restait quelque chose à faire.

L'on m'a demandé de tenter cet effort. Après de longues hésitations, je me suis rendu aux désirs qui m'ont été fréquemment réitérés, et je livre aux âmes pieuses d'abord, aux Enfants dévoués de Marie et à tous ceux que les choses de notre histoire locale intéressent, le fruit de mes propres recherches.

Quoique je me propose avant tout l'édification des âmes, je dois déclarer que ce travail n'est pas seulement une œuvre de piété et d'imagination. Je voudrais que l'air de Dieu circulât à travers ces pages et que la vive flamme de l'amour y fît sentir la présence même de la Mère de Jésus. Mais je me suis montré jaloux de donner satisfaction aux exigences légitimes de la saine critique.

Ce livre, si modeste qu'il soit, est cependant un livre d'histoire, tel qu'on l'exige de nos jours, composé de faits certains et sur des documents incontestables. Il est fait pour l'esprit aussi bien que pour le cœur.

Je voudrais ajouter qu'en certaines matières comprises dans mon plan et qui n'ont été traitées, à ma connaissance, par personne, au moins d'une manière spéciale et comme ex professo, je ne renonce pas au doux espoir d'apporter quelques lumières nouvelles. Si je ne suis pas victime de l'illusion, mon récit, par ce côté, ne peut manquer d'offrir quelque intérêt à mes lecteurs.

Que si telle ou telle conclusion paraissait à quelques-uns trop hardie, qu'ils veuillent bien croire que ce n'est pas l'amour de la nouveauté qui m'inspire, mais la passion de la vérité qui me pousse et me guide.

Enfin, pour révéler tout le secret de ma pensée, je suis forcé d'avouer que j'ai entrepris cette œuvre par un motif de piété filiale.

Sans doute, j'ai eu le dessein de contribuer, pour ma faible part, à la glorification de NOTRE-DAME DE FONT-ROMEU, en faisant mieux connaître son histoire. Mais je me suis proposé aussi d'honorer la mémoire de ma mère selon la nature. Tant qu'a duré ce travail, le souvenir de ma mère de la terre a été mêlé à la pensée de ma Mère du ciel.

Ma pieuse mère, qui s'était spontanément consacrée à Marie, dès le premier âge, et qui demeura toute la vie son enfant fidèle et sa servante dévouée, avait voulu qu'une des premières messes de son fils, à peine ordonné prêtre et tout humide encore des onctions du Saint-Chrême, fût célébrée dans le sanctuaire de NOTRE-DAME DE FONT-ROMEU.

Au déclin de ses jours, j'avais, à mon tour, la consolation de la conduire dans ce lieu béni, pour relever sa santé chancelante et de prolonger, par sa bienfaisante influence, une vie qui m'était si précieuse.

Vivant à Font-Romeu par l'esprit et le cœur, respirant son air pur et vif, rempli de ses douces et charmantes images, j'ai toujours senti sa présence, entendu ses pas, tressailli de sa joie. J'ai comme travaillé de concert avec ma mère dans cette œuvre, et j'estime qu'il ne peut paraître singulier à personne qu'elle lui soit dédiée.

Saint-Hippolyte, 25 mars, fête de l'Annonciation de la bienheureuse Vierge Marie.

A MA MÈRE BIEN-AIMÉE

MARIE ROUS, NÉE PACULL,

DE DOUCE MÉMOIRE,

ENFANT FIDÈLE

ET

SERVANTE DÉVOUÉE

DE

MARIE

VIERGE-MÈRE,

ET

REINE DU TRÈS SAINT ROSAIRE.

E. ROUS, PRÊTRE,
CHANOINE HONORAIRE DE PERPIGNAN.

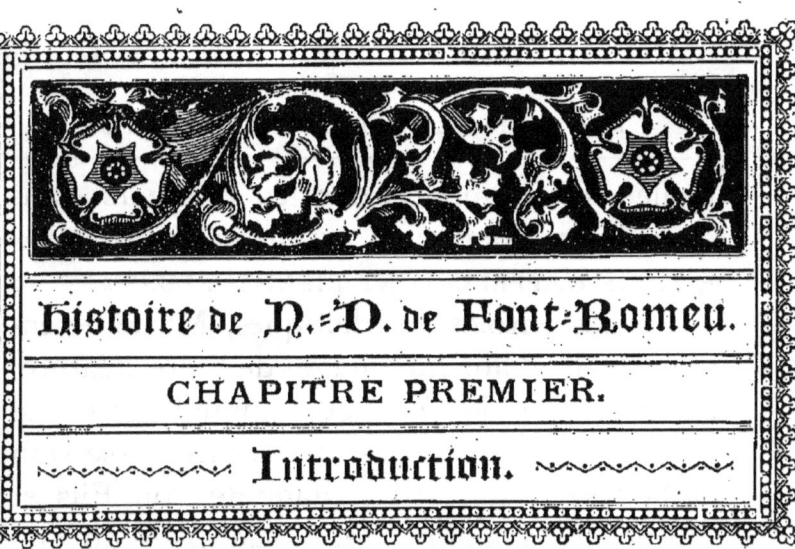

Histoire de N.-D. de Font-Romeu.

CHAPITRE PREMIER.

Introduction.

Le culte de Marie dans les anciens comtés de Roussillon et de Cerdagne.

I. Caractère général du culte de Marie: Il est UNIVERSEL. — II. Caractère particulier de ce culte dans certains peuples. — III. La Catalogne: JARDIN DE MARIE. — IV. Anciens comtés de Roussillon et de Cerdagne.

L'IMMACULÉE Vierge-Mère a résumé l'histoire de son culte et défini le caractère qui devait le signaler à travers les âges d'une seule parole tombée de ses lèvres. Dans la pleine et claire vue de la dignité qui lui est faite, avec cette singulière et sublime compréhension qui lui permet d'embrasser, d'un simple regard, toute la suite des siècles, jusqu'à la fin des choses, avec une puissance d'affirmation que jamais créature humaine n'a égalée, Elle annonce, dès les premiers élans de son cantique, que « TOUTES LES GÉNÉRA-« TIONS L'APPELLERONT BIENHEUREUSE ».

Par ces paroles prophétiques, Marie revendique le droit aux hommages de toute créature, comme Mère de Dieu et comme Souveraine de l'univers (1); Elle prend d'avance possession de la terre, qui est l'héritage de son Fils et son propre domaine. Cet oracle exige qu'Elle y soit louée et glorifiée selon sa dignité et ses mérites et que son culte y soit UNIVERSEL.

Jamais prédiction n'a mieux eu son plein effet. Le jour même où Marie, acclamée par tous les esprits bienheureux, comme la Reine du ciel, *était placée dans son trône, entre les bras de son Fils, dans le midi éternel,* dont Bossuet (2) nous a parlé, après saint Bernard, son culte public avait été inauguré sur la terre, par les Apôtres et les disciples de JÉSUS, accourus à Jérusalem, dans le pieux dessein de *contempler le corps sacré qui avait produit la Vie et porté Dieu* (3), de le baiser religieu-

---

1. SUAREZ, t. XIX, p. 306. — 2. BOSSUET, *Sermons.*
3. S. DENYS L'ARÉOPAGITE. *Œuvres,* in-8°, p. 368. Traduction de Mgr DARBOY.

J'ai adopté la traduction de ce passage donnée par Mgr DARBOY, malgré les observations critiques de THOMASSIN sur le texte original ou supposé tel de cette phrase. (V. THOMASSIN, *Traité de la célébration des fêtes,* liv. II, chap. XX, p. 416-417.)

sement et de lui faire avec des flambeaux, des parfums, des fleurs, des chants et des prières, des obsèques solennelles (1), en attendant que les anges fussent venus le ravir au tombeau, pour *le transporter dans le ciel tout orné d'une gloire immortelle* (2).

Et comme l'aurore va de clarté en clarté jusqu'à la plénitude du jour parfait, quelles qu'aient été les négations téméraires et les prétentions intéressées des protestants, anéanties à tout jamais par les découvertes de l'archéologie sacrée, le culte de Marie est allé de progrès en progrès, à travers le temps et l'espace, sans subir un moment d'arrêt. Les témoignages de dix-neuf siècles écoulés mettent dans le plus vif relief et font éclater aux yeux de tous son caractère d'*universalité*.

Marie triomphante peut dire en toute vérité et comme confirmation de sa prophétie d'Hébron : « J'ai posé mes pieds sur toute la « terre, et j'ai occupé la première place dans « toutes les nations, et je me suis soumis les « cœurs de tout ce qu'il y a de plus grand « comme de plus humble, et j'ai jeté mes ra- « cines chez le peuple que Dieu a honoré et

---

1. Nicéphore.
2. Bossuet, *ibid*.

« j'ai établi mon séjour dans la cité que Dieu
« a sanctifiée (¹). »

II. — Mais quoique *universel*, le culte de Marie semble s'être plus particulièrement *naturalisé* dans certains peuples. Il y a jeté des racines plus profondes ; il y est devenu plus intense ; il y est resté plus traditionnel, plus populaire. Ainsi en va-t-il de la France, dont un grand Pape du dernier siècle ne craignait pas d'affirmer qu'elle est impérissable, parce qu'elle est, par des titres aussi nombreux qu'ils lui paraissaient incontestables, LE ROYAUME DE MARIE.

L'on peut, dans une juste mesure, sans blesser les droits de la vérité et de l'histoire, faire une observation semblable, au sujet de la catholique Espagne.

Introduit dans son sein, avec le christianisme, dès les premiers âges de notre foi, le culte de Marie reçut un merveilleux accroissement de la piété et du zèle des saints et savants évêques que Dieu suscita au milieu des Goths, après leur invasion triomphante, pour leur conversion et leur gloire.

Mais je dis sans hésitation que les prières, les écrits, les mémorables exemples, l'action

---

1. ECCLI., XXIV, 7-16.

toute céleste de saint Ildefonse, l'un des plus illustres archevêques de Tolède (1), achevèrent de faire pénétrer ce culte dans les âmes et de le rendre populaire. Sous son impulsion, la dévotion à la Vierge se ranima avec une nouvelle ferveur. En déployant son zèle, saint Ildefonse d'ailleurs remplissait une mission clairement providentielle. L'Espagne catholique allait assister au spectacle des mœurs musulmanes et de la religion des sens. Il était à craindre qu'elle ne fût vaincue par elles plutôt que par le glaive des fils de Mahomet. Saint Ildefonse, dans la seconde moitié du septième siècle, comme il a été dit plus tard de l'Abbé de Clairvaux, « *trouva des accents d'une in-*
« *comparable douceur pour célébrer Marie,*
« *et des milliers d'âmes répondirent à sa*
« *voix persuasive,* » comme si, pendant qu'il recevait des mains mêmes de la Mère de Dieu l'ornement du sacrifice, « *une lumière supé-*
« *rieure lui eût révélé, qu'au moment où son*
« *peuple allait être exposé à la fascination du*
« *vieux serpent oriental, il fallait en toute hâte*
« *réveiller l'enthousiasme pour la Vierge di-*
« *vine qui l'a terrassé et opposer à l'impure*

---

1. BARONIUS, *Annales ecclesiastici*, ad an. 657.

« *séduction la chaste magie de son culte* (¹). »

Nous savons quelle piété envers la Vierge avait pénétré l'âme de ces peuples, dont les descendants devaient, sous la bannière même de Marie, refouler l'islamisme et lui ravir les provinces perdues (²).

Nous en trouvons la preuve émouvante et irrécusable dans les pieuses images de la Madone qu'ils emportèrent, au moment de l'invasion sarrasine, comme l'objet le plus sacré de leurs foyers, jusque dans le nord de la péninsule, qui leur servait d'asile, et qu'ils crurent ne pouvoir soustraire aux profanations du fanatisme arabe qu'en les cachant dans le sein de la terre ou dans les solitudes inexplorées des forêts ou dans les creux inaccessibles des rochers.

III. — Plus tard, les inventions *providentielles* de ces madones, mille fois renouvelées, en divers temps et de diverses manières, firent éclater dans tous les pays qui forment le bassin de l'Ebre, comme une puissante et riche germination de sanctuaires en l'honneur de Marie ; ce qui a valu sans doute à l'une des trois provinces, que les eaux de ce fleuve arro-

---

1. Mgr GERBET, *La sainte Vierge Marie type de la femme chrétienne.*
2. BARONIUS, *Ad an.* 1212, num. 20.

sent, A LA CATALOGNE, qui nous touche de plus près, l'honneur particulier d'être appelée le JARDIN DE MARIE.

Pour le P. CAMOS, de l'ordre des Frères-Prêcheurs, qui a eu l'heureuse inspiration, la gracieuse idée de lui décerner ce glorieux titre, en plein dix-septième siècle, les MILLE TRENTE-TROIS madones et les sanctuaires et chapelles qui leur sont dédiés, dans la seule principauté de Catalogne, sont comme des plantes divines que le ciel a fait éclore et fleurir et qui exhalent vers le trône de notre Reine de véritables nuées de parfums suaves et variés ; ou bien encore, l'on peut dire, suivant la même idée, que la principauté de Catalogne a été comme un domaine réservé, dont la Souveraine de l'univers a voulu occuper tous les points, pour le mieux cultiver, pour l'arroser et l'enrichir de ses dons, pour marquer enfin la complaisance qu'elle a eue d'y fixer sa demeure et d'y faire sentir sa présence.

C'est ici le lieu d'observer que par sa piété envers Marie, la Catalogne s'est rendue digne de cette faveur singulière. Je crois pouvoir affirmer qu'il n'est point de province au monde entier où le culte de la Mère de Dieu ait jeté de plus profondes racines dans l'âme même du peuple et se soit trouvé plus mêlé, plus fondu avec tous ses sentiments et tous les détails de sa vie.

IV. — Ce n'est pas sans une douce consolation ni sans une certaine fierté que je revendique pour notre pays une part de cette gloire insigne. Les comtés de Roussillon et de Cerdagne, dans lesquels étaient compris l'ancien diocèse d'Elne et la plus grande partie du diocèse actuel de Perpignan, avaient suivi les lois et partagé les destinées de la Catalogne, pendant plusieurs siècles et vécu de sa vie.

C'était, en deçà comme au delà de nos Pyrénées, la même religion, le même élan, la même confiance, la même candeur, le même enthousiasme naïf à l'endroit de la Mère de Dieu. C'était la même liturgie, les mêmes invocations, les mêmes prières, les mêmes fêtes célébrées en son honneur, le même zèle pour défendre ses divines prérogatives.

C'est ainsi que la foi et la dévotion au privilège de l'Immaculée Conception de Marie, dont les premiers actes publics attestés par des documents historiques remontent, il est vrai, pour l'Espagne, d'après le témoignage de Mabillon, jusqu'au dixième siècle, donnaient lieu, dès le quinzième, à des manifestations éclatantes, en Roussillon.

Tout le monde sait, dans notre diocèse, que Marie, reine d'Aragon, duchesse d'Athènes et comtesse de Roussillon et de Cerdagne, pour donner satisfaction au sentiment populaire, faisait publier à son de trompe, le 7 décembre 1446, dans tous les quartiers de Perpignan, « un édit qui recommandait aux « personnages constitués en dignité ou exer- « çant des fonctions publiques, de concourir « dans chaque localité à la célébration solen- « nelle de la fête de l'Immaculée Conception, « afin que vous méritiez, ajoutait cette prin- « cesse, d'être exaucés avec bonté devant le « trône du Dieu très haut, par l'intercession « de la sainte Vierge qui accueille cette dévo- « tion comme lui étant très agréable [1]. »

J'ai encore publié jadis le récit des fêtes magnifiques, célébrées à Perpignan et dans tout le Roussillon, du 15 au 26 décembre 1618, en l'honneur de l'Immaculée Conception de Marie, à l'occasion du décret rendu pour la défense de cette prérogative par le pape Paul V, sur les instances réitérées de Philippe III ; et j'ai dit avec quel enthousiasme

---

1. *En tal manera que per intercessio delle Verge de sou dita de la qual aquesta cosa es a ella molt plasent et acceptable, merescats en lo tro del Altissim esser benignament exausits.* MGR GERBET, *Œuvres*, t. I, p. 144.

les docteurs de notre antique Université et la Garde municipale de Perpignan attestèrent et jurèrent, les uns, sur les Saints Évangiles, les autres, sur leurs épées, qu'ils étaient résolus à défendre l'IMMACULÉE CONCEPTION, jusqu'à l'effusion du sang (1).

La même foi et la même dévotion animaient nos chrétiennes populations pour le saint Rosaire ; et, grâce au zèle des nombreux évêques que l'Ordre de Saint-Dominique avait fournis à l'Église d'Elne, il n'était presque pas de paroisse où l'antique confrérie n'eût son organisation, son autel, son mystère. Il y a plus ; la piété avait tellement pénétré l'âme du peuple et exerçait partout un tel empire qu'il n'était presque pas de foyer où le Saint Rosaire ne fût récité, le soir, après les labeurs du jour, par toute la maison réunie, sous la présidence de l'aïeul ou du père de famille, qui avaient su tenir en main, ferme et respecté, le sceptre de l'autorité et garder au front un glorieux reflet du sacerdoce. Hélas ! il ne reste plus de cette vénérable tradition qu'un vague et faible souvenir, qui bientôt sera lui-même anéanti.

Ce ne sont point là les seuls monuments de

---

1. *Semaine Religieuse* de Perpignan : 8 décembre 1876.

la piété de nos ancêtres envers Marie. Il en est d'autres que les ravages lamentables des révolutions n'ont pu détruire. Je veux parler des titres très nombreux de nos églises paroissiales, qui portent, sous divers vocables, le nom de Marie, et des sanctuaires et chapelles qui lui ont été dédiés sur tous les points de notre pays.

Dans toute l'étendue des comtés de Roussillon et de Cerdagne, comprenant le diocèse d'Elne ou de Perpignan, des premières ondulations des *Albères* ou des naissantes ramifications des *Corbières* jusqu'aux plus hauts sommets de *Puigmal* et de *Carlit*, il n'est pas un pli du sol, une colline, une cime ; dans les cinq vallées qu'arrosent le *Tech*, la *Tet*, l'*Agli*, l'*Aude* et le *Ségre*, il n'est pas un quartier, une parcelle de terre où Marie n'ait imprimé son sceau, pour y faire éclater son droit de propriété et son souverain domaine.

S'il m'était permis d'employer dans une sèche page d'histoire la langue du poète [1], je

---

1. Mossen Jacinto Verdaguer. *Canigo*, p. 99.
  « Es una immensa lira que en eixa platja estesa
  « vessanta d'armonies deixá algun Deu mari,
  « lo Canigo es lo pom, les cordes que 'lcerç besa
  « son los tres rius que roncan llisçant per la devesa
        « lo Tech, la Tet, l'Agli ».

dirais que *sur cette immense lyre, ruisselante d'harmonies*, figurée par le pays que le *Canigou* domine, résonne et retentit sans cesse, avec une variété presque infinie, le suave et doux nom de Marie.

Près de CINQUANTE églises de paroisse, — et j'en laisse sans doute — ont eu, dès leur fondation, la Mère de Dieu pour titulaire. Environ QUARANTE chapelles ou sanctuaires, bâtis à distance des villes et des villages et dédiés à Marie, voyaient, à ses diverses fêtes, accourir les peuples en foule. VINGT autres chapelles et oratoires desservis par les ordres religieux et tout autant de chapelles ou églises particulières étaient encore affectés au même culte; ce qui porte à CENT-TRENTE et plus le nombre des édifices érigés par nos ancêtres, en l'honneur de Marie, dans la petite province du Roussillon ([1]).

---

1. ÉGLISES PAROISSIALES : SAINTE-MARIE de *Baixas* — de *Brulla* — de *Cabestany* — de *Cassanyes* — de *Castellnou* — de *Castell-Rossello* — de *la Clusa* — de *Collioure* — de *Corbéra* — de *Cornella* — de *Conflent* — de *Costuja* — d'*Espira* — de *l'Agli* — d'*Espira* — de *Conflent* — de *Saint-Féliu-d'Amont* — de *Fontpédrouse* — de *Fontcuberta* — de *Formiguères* — de *Las Illas* — de *Léca* — de *Mailloles* — de *Sainte-Marie-la-Mer* — de *Montalba de Fenollet* — de *Montalba* — de *Vallespir* — de *Molitg* — de *Montescot* — de *Nefiach* — de *Nyils* — d'*Oltréra* — d'*Orella* — de *Palau* (Cerdagne) — de *Palau-del-Vidre* — de *la Perche* — de *Planés* — de *Prats-Balaguer* — de *la Réal* — de *Rivesaltes* — de *Serrallongue* — de *Toulouges* — de *Vingrau* — du *Volo*.

L'on aimera sans doute connaître les Madones qui attiraient à leurs autels les plus grands concours de fidèles. Je me plais à signaler entre autres : NOTRE-DAME DELS CORRECHS, à la cathédrale de Perpignan, NOTRE-DAME DE GRACE, au couvent des Augustins de la même ville, NOTRE-DAME DE CONSOLATION, à Collioure, NOTRE-DAME DU CHATEAU,

— ÉGLISES FORAINES : NOTRE-DAME *des Abelles*, *de l'Agullo* — *del Coll* (de Prunet) — *del Coll d'Ares* — *del Coll d'Aus* — *de Consolation* — *del Coral* — *de Cornella-del-Vercol* (Paradis) — *de Cosperons* — *de Domanova* — *de Font-Romeu* — *des Fonts* — *de Força-Réal* — *de la Garriga* — *de Juhégues* — *de Mossellos* — *de Pallol* — *de Pena* — *du Pont* (Céret) — *du Pont* (Elne) — *du Pont* — (Perpignan) — *del Prat* (Argelés) — *del Prat* (Bages) — *de la Pitié* (Thuir) — *de la Roca* (Nyer) — *del Royre* (Masos) — *del Roble* ou *de la Ruyra* (Taillet) — *de Tanya* — *de la Vesa* (Albéra) — *de Vilar de Gennon* (Céret) — *de Vilar-Milar*.

— ÉGLISES OU CHAPELLES MONASTIQUES : SAINTE-MARIE d'*Arles-sur-Tech* — NOTRE-DAME *de Belloc* (Capucins d'Elne), *de Corbiach* (Trinitaires, Mosset) — *des Grades* (Marcévol) — *de Serrabona* — *du Temple* (Perpignan) — *de Sous-Terre* (Saint-Martin du Canigou) — *du Carmel* (G^{ds} Carmes de Perpignan) — *de la Victoire* (Minimes de Perpignan) — *Notre-Dame de Grâce* (Augustins de Perpignan) — *de l'Eula* — *del Remey* (Capucins d'Ille) *de Belloc*, servites — *du monastir del Camp* — *de Riquer*.

— CHAPELLES PARTICULIÈRES : *Sainte-Marie du Château* (à Conat, à Corbéra, à Perpignan, à Tautavel, à Eus) *Notre-Dame d'Espérance* (hôpital de Perpignan, hôpital de Prades) — *de la Miséricorde* (Perpignan) — *de Montserrat* (près du couvent de Saint-Dominique, à Perpignan) — *des Anges* (devant l'église de Saint-François, à Perpignan) — *du Rosaire* (à Prades, Palalda-Prato-de-Mollo) — *des Anges* (à Camélas) — *de la Rodona*, à Ille. — *dels Goigs*, à Villefranche.

Nous n'avons pas fait mention, dans cette énumération, des églises dédiées à Marie, qui se trouvent dans les anciennes dépendances du diocèse d'*Alet*.

à Sorède, Notre-Dame del Coral, non loin de Prats-de-Mollo, Notre-Dame des Abelles, près de Banyuls-sur-Mer, Notre-Dame de Salvetat ou des Lettres, à Saint-Féliu-d'Amont, Notre-Dame de la Victoire, à Thuir, Notre-Dame de la Crèche ou del Pesebre, à Saint-Michel-de-Cuxa, Notre-Dame de la Roca, à Nyer, Notre-Dame de Corbiach, à Mosset, desservie tour à tour par les *Servites*, les *Trinitaires* et les *Augustins*, Notre-Dame de Domanova, à Rodez, Notre-Dame del Roble ou du Chêne, aux Masos, Notre-Dame du Paradis, à Cornella-del-Vercol, Notre-Dame de Pena, à Espira de l'Agli, maintenant à Cases-de-Péna, Notre-Dame de Juhégues, à Torreilles, Notre-Dame de Font-Romeu, à Odello, Notre-Dame d'Err, à Err, Notre-Dame de Belloc, à Dorres.

Nos pères allaient en foule dans ces divers sanctuaires, pieux et recueillis, souvent pieds nus, mais le chant sur les lèvres, comme il convient aux pèlerins.

C'est pour ces visites qu'avaient été composés nos Goigs si nombreux. Ces cantiques de joie, qui sont loin d'être toujours des œuvres littéraires suffisaient cependant à l'expression de leur foi et de leur amour, et ils demeurent pour nous comme les monuments d'un état social où les âmes savaient et pouvaient se dilater sans effort, dans les sentiments d'une piété éclairée et joyeuse, que notre siècle aurait désappris, s'il n'avait plu à la Reine du Ciel d'appeler de nos jours à ses pieds, sur les bords du Gave, les peuples du monde entier et d'exciter par ses bienfaits, dans les cœurs, un nouvel et universel enthousiasme.

Par tous ces titres, le Roussillon et la Cerdagne peuvent et doivent même être considérés comme la portion le mieux cultivée du JARDIN DE MARIE, planté, suivant l'expression du Père CAMOS, dans le principat de Catalogne, et il sera doux à tous les enfants de la *Catalogne française* de penser que Marie a daigné faire choix de leur patrie pour y établir en tous lieux sa demeure.

CHAPITRE DEUXIÈME.

Inventions des antiques Madones de la Principauté de Catalogne.

I. Observations générales sur ces Inventions. — II. Circonstances particulières dans lesquelles elles se produisent. — III. Légendes qui s'y rapportent.

ARMI les causes qui ont le plus contribué à ranimer et à promouvoir le culte de Marie dans la Principauté de Catalogne, il faut signaler les Inventions des madones antiques.

Relativement rares dans les autres parties de la chrétienté, elles ont été si nombreuses sur les deux versants des Pyrénées et dans les pays qui ont eu à subir l'invasion musulmane qu'elles ne semblent appartenir, comme événement caractérisé, qu'à l'histoire de ces contrées.

Elles portent en général les traits d'une si parfaite ressemblance, que l'on pourrait de prime abord les supposer toutes conformes à un prototype invariablement fixé par l'imagination ou la piété de générations trop ardentes et trop crédules.

Mais leur fréquence et leur similitude, qui pourraient les rendre suspectes à certains esprits trop exigeants ou prévenus et les faire reléguer dans le domaine de la pure légende, reçoivent une explication, qui, pour n'être pas tirée des documents positifs, n'en est pas moins probable et plausible.

J'avoue sans peine que les récits de ces inventions, d'abord recueillis et conservés dans la mémoire du peuple, ont été consignés plus tard dans des livres qui ont manqué trop souvent de critique. Mais parce que leurs auteurs n'ont pas eu, dans toute la perfection, le sens délicat qui sert à discerner, en histoire, le fait certain de la légende, faut-il rejeter sans examen et de parti-pris toutes les traditions qu'ils rapportent ? Notre devoir, je crois, est plutôt de démêler, en suivant des règles sûres, le fond certain d'avec ce qui est imaginaire. Dans tous les cas, en une telle matière, je me fais gloire d'adopter le sentiment d'un illustre évêque, qui fut aussi profond penseur que grand écrivain et j'aime à redire avec lui, « qu'en
« fait de traditions locales le peuple laisse se
« perdre celles qui lui sont indifférentes ou
« qui ne correspondent qu'à des préoccupations
« passagères ; mais lorsqu'elles intéressent des
« sentiments profonds et permanents, sa mé-
« moire est tenace et longue, à moins que des

« causes étrangères ne viennent l'affaiblir......
« Les traditions orales, relatives à des faits
« ou à des lieux, occupent une grande place
« dans la vie domestique du peuple, qui con-
« centre en elles l'intérêt que la classe lettrée
« disperse dans ses livres. Elles se transmettent
« plus facilement encore de génération en
« génération lorsque les souvenirs conservés
« sous le toit de chaque famille, ne sont eux-
« mêmes que des parties ou des accessoires
« d'un grand souvenir historique, perpétuelle-
« ment rappelé par des monuments et par des
« usages publics ([1]). »

L'invasion musulmane est le fait historique auquel ces inventions se rattachent. Les antiques madones qu'elles ont rendues à la lumière sont comme les monuments de l'ordre religieux, qui attestent, d'une part, la piété des races gothiques d'Espagne, et de l'autre, le véritable caractère de l'occupation arabe.

Les vénérables images de Marie, qui ont été découvertes en divers temps, n'auraient pas été aussi nombreuses, si le culte de la Mère de Dieu avait été moins profond et moins étendu dans la chrétienne Ibérie, du cinquième au huitième siècle. A mon sens, ces statues

---

1. Mgr GERBET, *Esquisse de Rome chrétienne*, t. I, p. 27.

doivent être regardées, moins comme des objets du culte public, que comme les monuments privés de la piété domestique (¹). Elles durent être nombreuses les familles chrétiennes de ces temps qui avaient dressé à Marie un autel dans leurs foyers et qui avaient substitué son image aux idoles des dieux abandonnés ; et, lorsque poussées par les hordes sarrasines, fuyant la mort et l'apostasie, elles emportèrent leurs madones jusque dans les provinces du Nord, où elles cherchaient un asile, et les enfouirent dans la terre ou les confièrent aux lieux les plus retirés des montagnes, comme un trésor précieux qu'elles voulaient soustraire, non point à la rapacité, mais à la profanation de l'ennemi, elles laissèrent encore aux âges à venir la preuve incontestable, que, si les fils de Mahomet, pour assurer et perpétuer leurs conquêtes, affectaient de donner, moyennant rançon, la liberté au culte catholique, elles ne s'estimaient point à l'abri des entreprises sacrilèges, que la haine de la foi les animait à poursuivre, malgré les conventions établies.

---

1. Cette pieuse coutume d'avoir au foyer de la famille un petit oratoire dédié à Marie était très commune pour ne pas dire générale chez le peuple chrétien au moyen âge, et elle s'était conservée parmi nous jusque dans ces derniers temps. V. M. LECOY DE LA MARCHE, *Le treizième siècle artistique*, p. 167.

II. — Ces images, ignorées des ennemis du nom chrétien, et, par la succession du temps, perdues de vue des âmes fidèles elles-mêmes, demeurèrent dans l'ombre et le secret, tant que l'Espagne subit le joug musulman ; mais, lorsque la vaillance de ses fils l'eut rétablie en possession de son sol et de sa pleine liberté, Dieu mit en jeu la merveilleuse industrie de sa sagesse et rendit à la piété des races espagnoles ces madones tant aimées de leurs ancêtres.

Ces inventions, ces découvertes, ces révélations, que nous ne pouvons appeler *miraculeuses*, puisqu'elles se produisaient presque toujours dans les limites et par les moyens de l'ordre naturel, furent, suivant une disposition *toute providentielle*, admirablement ménagées pour ranimer dans les cœurs le culte de la Mère de Dieu et pour faire renaître la joie que la domination musulmane avait depuis de si longues années totalement anéantie.

Pouvons-nous, à une si grande distance des événements et dans l'état de nos mœurs, nous rendre compte du tressaillement qui secouait les âmes, lorsque, d'une manière fortuite en apparence, une de ces images antiques de la Mère de Dieu était arrachée aux ténèbres qui l'avaient enveloppée jusque-là ? Aux yeux de tous, cette image était un signe du Ciel, comme une révélation nouvelle, comme une apparition même de la Vierge Marie, qui venait dire à ces populations si longtemps malheureuses : « Je veux établir au milieu de vous ma demeure, pour vous consoler et dilater vos cœurs ; et, comme naguère, à l'humble Bernadette : *Je veux que l'on me bâtisse dans ce lieu un sanctuaire et que l'on y vienne en procession, en pèlerinage, pour jouir de ma présence et recevoir mes bienfaits.* »

C'est avec enthousiasme que cette indication de la Providence était accueillie, et c'est presque toujours par conformité à sa volonté pressentie qu'ont été érigés nos pieux sanctuaires en l'honneur de Marie.

III. — Les circonstances particulières dans lesquelles s'accomplissaient d'ailleurs ces inventions ne manquaient ni de poésie, ni de charme. Les chrétiens fugitifs qui avaient caché leurs madones avaient dû choisir, pour leur confier leur précieux dépôt, des lieux bien déterminés et marqués par quelque singularité naturelle, qui leur permît de retrouver aisément leur trésor, lorsque, dans des temps meilleurs, que l'espérance sans doute leur faisait entrevoir comme prochains, mais qu'ils n'eurent pas la consolation de voir jamais éclore, ils pourraient rentrer paisiblement dans leurs foyers.

C'est ainsi que ces madones antiques ont été découvertes, tantôt dans les bois et les forêts, au pied de certains arbres que leurs proportions ou leurs essences rendaient plus remarquables; tantôt dans des buissons épais, tantôt dans le creux même des arbres, comme dans un édicule construit par la nature, tantôt auprès des sources d'eau, tantôt dans les cavités des pierres et des rochers.

La manière dont se sont accomplies ces inventions n'est pas moins gracieuse. Chose qu'il n'est plus nécessaire de faire ressortir, dans ses manifestations miraculeuses ou simplement providentielles, depuis qu'Il a daigné se révéler aux bergers de Bethléem, Dieu s'adresse aux créatures les plus humbles. Il ne s'est pas écarté de cette conduite dans la révélation des antiques images de Marie.

J'ai pu constater, dans les légendes très nombreuses que je me suis imposé le devoir de rechercher et de lire, avant d'écrire ces pages, que la créature élue de Dieu pour être l'instrument, ou, si l'on veut, le héraut de ces manifestations, est le plus souvent un bouvier en dépaissance sur la montagne, à qui quelque sujet de son troupeau, par des signes réitérés et extraordinaires, indique le lieu où gît la dévote image. C'est encore un humble pasteur des champs ou quelque naïve et innocente bergère ; quelquefois aussi un simple laboureur qui est arrêté, en creusant le sillon, par son propre attelage et forcé de soulever plus profondément la terre, pour en tirer, à son grand étonnement, la statue de Marie.

Je dois convenir toutefois que Dieu n'a pas hésité à se servir, dans quelques rares circonstances, de créatures moins paisibles. Par un privilège analogue à celui de saint Hubert ou de saint Eustache, des chasseurs engagés à la poursuite de leur proie, dans des taillis ou des buissons épais, ont vu comme se dresser devant eux la statue de la Vierge, au lieu et place du gibier échappé à leurs prises.

Le signe révélateur est aussi donné quelquefois par les oiseaux du ciel ou par des clartés d'en haut. Enfin, mais le cas est très rare, la vénérable image est découverte sur les indications fournies par la Vierge Elle-même.

Il m'a paru que ces remarques, qui sont loin d'être étrangères à mon sujet, quoique d'un ordre général, étaient nécessaires pour la pleine intelligence du fait qui nous occupe.

CHAPITRE TROISIÈME.

Invention de Notre-Dame de Font-Romeu.

I. La date de cette invention. — II. Première légende. — III. Harmonies ou convenances du lieu de FONT-ROMEU avec sa destination providentielle. — IV. Le site de FONT-ROMEU.

'EST par une disposition semblable de la divine Providence et suivant l'un des modes exposés à la fin du chapitre précédent qu'a été découverte l'Image vénérable de NOTRE-DAME DE FONT-ROMEU.

Les esprits inquiets et curieux, qui sont engagés plus que jamais de nos jours dans la recherche des origines et qu'aucune difficulté ne déconcerte, tant qu'ils n'ont point touché et saisi les éléments primitifs et la racine même des événements, voudraient, avant toute chose, connaître l'époque de cette invention et la date précise qu'il lui faut assigner. Je serais heureux de pouvoir donner satisfaction à ce désir très légitime. Je dois avouer, hélas! que, sur ce point, non seulement nous n'avons aucune certitude, mais que toute indication positive nous fait défaut. C'est une question qui est restée jusqu'à ce jour et qui demeurera sans doute à tout jamais insoluble.

Le savant auteur de la *Notice historique et topographique sur N.-D. de Font-Romeu* a tenté, mais non sans hésiter et sans faire ses réserves, de déterminer l'époque de cette découverte. « Il paraît, écrivait-il en 1855, que
« ce fut vers la fin du XIe siècle ou au com-
« mencement du XIIe, que fut faite la fonda-
« tion de l'ermitage de Font-Romeu ou que
« s'accomplit l'événement qui y donna lieu ;
« car parmi les nombreux tableaux que ren-
« ferme la chapelle, il en est un sur lequel se
« voit écrite la date de 1113 » ([1]).

L'image de la Vierge gravée naguère à Toulouse, sous le titre de Notre-Dame de Font-Romeu avec prières, invocations pieuses et détails historiques sur la chapelle de ce nom rapporte la même date.

Le vénérable et sage Ls Just se montra plus discret, dans les *Ermitages du diocèse de Perpignan*. « Nous ignorons, disait-il, dans
« son opuscule, publié en 1860, où cette date
« a été puisée, Camos et La Peña n'en repro-
« duisant aucune à ce sujet ». ([2])

---

1. Page 39. — 2. Page 153.

Cette date cependant doit avoir une origine, et je ne crois pas m'écarter de l'exacte vérité, en affirmant que la date de 1113 nous est venue du chiffre mal lu d'un ex-voto de 1713 ou tout au plus de 1513 ; encore ce dernier, pas plus que celui de 1113, n'existe-t-il pas dans l'église de Font-Romeu.

En histoire, les dates doivent être précises. Elles ne se supposent pas. Elles ne s'inventent pas. Il n'existe point, à ma connaissance, de document positif qui nous permette de fixer la date de cette invention. Encore une fois, elle a été jusqu'à nous et je crains qu'elle ne demeure le secret de Dieu, de sa Mère et de ses anges.

Je dirai donc, employant presque les termes du P. Camos, qu'en un temps connu de la divine Majesté, *desde los tiempos que sabe su divina majestad*, il plut à Dieu de manifester l'Image de la très sainte Vierge, de la manière suivante :

II. — Un troupeau de gros bétail d'Odello était en dépaissance, sous la garde d'un bouvier, comme c'est encore la coutume aujourd'hui, dans les vacants ou pasquiers de la forêt de *la Calme*. Or il arriva qu'un taureau s'esquivait fréquemment du reste du troupeau et se rendait auprès d'une fontaine, creusant avec feu le sol et poussant des beuglements extraordinaires. Le bouvier mettait tout en œuvre pour le rappeler et le ramener au troupeau, de peur qu'il ne vînt à s'égarer. C'était en vain. Le taureau, s'isolant toujours et donnant les mêmes signes, prenait sans cesse la même direction et semblait vouloir fixer son séjour auprès de cette source.

Poussé à bout, le bouvier allait un jour déchaîner contre lui sa fureur et ses coups, lorsque, au sentiment de colère qui l'anime, succède soudain dans son cœur, je ne sais quelle douceur et quelle allégresse. Cette révolution intime, si inopinément accomplie, lui suggère d'autres pensées. Il se recueille ; il observe la scène qu'il a sous les yeux ; il examine et il découvre enfin, près de la fontaine, dans une cavité à peine entr'ouverte, la sainte Image que le taureau lui avait tant de fois signalée.

Transporté de joie et sans se préoccuper un instant du sort de son troupeau, il vole vers la paroisse d'Odello. Il annonce au peuple sa précieuse découverte et il revient mettre au plein jour l'Image révélée.

La communauté d'Odello se rendit sans retard sur les lieux en procession et trouva, près de la fontaine, prosternés devant la statue de Notre-Dame, le taureau dont la Providence s'était servie pour signaler son existence et le bouvier, qui, par son pieux labeur, l'avait tirée de l'obscurité et rendue aux hommages des cœurs chrétiens (1).

Est-il nécessaire de dire avec quelle dévotion et quel enthousiasme l'Image de Marie fut portée dans l'église paroissiale de *Saint-Martin d'Odello*, en attendant qu'une chapelle fût érigée, sur le lieu même de l'invention?

III. — Quelles raisons la divine Providence pouvait-elle avoir de révéler en ce lieu l'Image de Notre-Dame? Je dirai bien celles qui sont à ma portée. Mais j'aime à croire que les Anges de Dieu en savent d'autres encore.

Il convenait d'abord, selon notre manière de voir, de tirer l'Image de Marie des ténèbres où elle avait été ensevelie pendant des siècles peut-être. C'est la première raison qui s'offre à l'esprit.

La seconde naît, pour ainsi parler, des merveilleuses convenances et de l'harmonie des

---

1. Camos.

lieux avec leur destination providentielle. Je ne pense pas que ces convenances et ces harmonies soient de simples caprices ou des jeux du hasard. Ce seraient, dans tous les cas, à mon sens, *de beaux et sages caprices de la Providence* (¹). Je crois, avec le Père Lacordaire, *qu'il y a des lieux bénis par une prédestination qui se perd dans les secrets de l'éternité* (²).

L'étude et la connaissance des lieux où s'est accomplie l'invention m'ont conduit promptement à l'idée qu'il ne pouvait se trouver, dans toute l'étendue des comtés de Roussillon et de Cerdagne, un lieu plus favorable, plus approprié au réveil et à la diffusion du culte de Marie, dans nos contrées, et qu'il avait été marqué de Dieu, pour cette fin.

Ces lieux bénis sont situés aux limites de plusieurs pays. A ces sommets, viennent se toucher et s'unir *la Cerdagne, le Conflent* et *le Capcir*. De leur flancs se détachent et descendent les vallées de la *Tet*, de *l'Aude* et de *l'Ariège*, avec les cours d'eau qui leur ont donné le nom ; tandis qu'à leur pied s'étendent les riches plaines, *à travers lesquelles le Sègre*

---

1. Mgr Gerbet, *Esquisse de Rome Chrétienne*, t. I, p. 4.
2. *Œuvres*, t. IX, p. 351.

va creusant son lit (¹), comme si Dieu avait voulu ouvrir des voies nombreuses et faciles, pour appeler, sur ce point prédestiné au culte de Marie, les populations et les foules les plus diverses.

Il est une raison d'un autre ordre que l'histoire même des lieux et les vieux souvenirs nous suggèrent.

L'an 1001 (²), Guifre ou Wifred, comte de Cerdagne, par des motifs bien différents de ceux qu'allègue la légende, et ne s'inspirant que de sa foi, jetait, aux pentes escarpées du *Canigou*, sur d'horribles précipices (³), pour les fils de Saint-Benoît, les fondements du monastère de *Saint-Martin*, avec le dessein déclaré d'en faire le mausolée de sa famille et l'intention plus ou moins arrêtée déjà d'y revêtir l'habit religieux, d'y terminer ses jours et de s'y faire ensevelir.

L'an 1007 et années suivantes, Guifre, d'accord avec Guisla, son épouse, dotait le

---

1. *Per hont lo Segre va enfondint son llit*, CANIGO, p. 60.
2. D. A. DE BOFARULL. *Historia de Cataluña*, t. II, p. 298.
3. CANIGO, p. 198.
   De mitjdia en l'horrible precipici
   penja son peu de pedra l'edifici
   que fa glatir l'abisme devorant,
   y ab l'altre ferm en roca més segura
   creix y s'aixeca en la espadada altura
   noy que ha de fer creixença de gegant.

Notre-Dame de Font-Romeu.

Ruines du monastère de Saint-Martin de Canigo.

monastère et lui affectait divers alleux pour l'entretien de sa congrégation (1).

Enfin, pour combler ses libéralités, en 1035, année de son testament, auquel cependant il survécut longtemps encore (2), Guifre, entre autres biens de la Cerdagne ou du Conflent et de la vallée de Ribes, attribuait par le même acte et donnait à cette abbaye toutes ses possessions d'Odello, d'Égat et de Targasona, en y comprenant *la Calme* (3), avec ses vacants pasquiers et forêts.

Or, chose digne de remarque, l'abbaye de *Saint-Martin* avait son église bâtie sur une crypte dédiée à Notre-Dame de Soubs-Terre. Le magnifique donateur avait voulu que l'édifice et son œuvre entière reposassent sur Marie et que la Vierge-Mère en fût le premier soutien et la souveraine maîtresse.

En révélant plus tard son Image dans les dépendances de la *Calme*, Marie n'a-t-Elle pas

---

1. Je n'ai pas relevé moins de quinze actes de donations ou de ventes consentis par Guifre et sa famille en faveur de *Saint-Martin de Ganigou*, dans l'*Inventaire* d'Agullana.

2. *Privilèges et titres de Roussillon et de Cerdagne*............ p. B. Alart, p. 17.

3. Le mot *Calme*, employé dans les actes de la Cerdagne et du Rousillon au XIe siècle, désigne les vacants d'un territoire et le plus souvent les pacages ou pasquiers de la haute montagne fréquentés pendant l'été. Le nom de *Calm* s'est encore conservé pour la forêt d'Odello, Eguet et Targasona. (V. Alart).

voulu montrer d'une manière éclatante combien les libérales et magnifiques donations du comte Guifre lui avaient été agréables ? N'a-t-Elle pas voulu prendre possession Elle-même, et par un acte public, de cette propriété, et s'en constituer, aux yeux de tous, la Gardienne, pour l'empêcher d'être aliénée jamais, dans le cours des âges, et de passer dans des mains profanes ou impies ?

Ce qui est certain, c'est que, par l'effet de cette invention providentielle, par cette prise de possession d'un nouveau genre, la terre de FONT-ROMEU, aujourd'hui bien exiguë et bien restreinte par les empiètements successifs de l'État est la seule peut-être de notre diocèse, qui soit restée sans interruption au pouvoir de l'Église, depuis sa donation bientôt neuf fois séculaire. C'est, pour cette terre, un titre glorieux, qui lui doit attacher une fois de plus les cœurs chrétiens.

Ne semble-t-il pas encore que NOTRE-DAME DE SOUBS-TERRE, quoique environnée de ses propres clartés et lumineuse par Elle-même, ait voulu s'élancer un jour du sein de sa crypte étroite, aveugle et obscure (¹) et se donner,

---

1. CANIGO, p. 198.
Li fa costat soterriana y tosca
l'esglesia de la Verge; es cega y fosca
mes eix astre del cel li fa claror.

Vue générale de Font-Romeu (nord).

dans la pleine et majestueuse nature de *la Calme*, une demeure plus vaste, plus éclairée, plus sereine ?

IV. — Quoi qu'il en soit, il ne paraît pas étonnant que la Reine du Ciel ait voulu avoir là son sanctuaire. S'il est vrai que la Providence *ait prédestiné les grands lieux aux grandes choses* (1), n'était-il pas convenable et même nécessaire que le site qui présente, dans notre pays, la scène la plus grandiose, et qui offre en même temps le séjour le plus enchanteur fût le domaine réservé de Marie ?

Quel cadre et quels alentours pour le lieu jusque-là ignoré et inaperçu où l'Image de la Mère de Dieu fut révélée au pasteur !

Situé à dix-sept cents mètres d'altitude, au milieu d'une vaste forêt de pins, dans un pli de terrain traversé par un faible cours d'eau, sur l'une des nombreuses ramifications de montagnes qui vont se dirigeant au Nord par des soubresauts gigantesques, du *Col de la Perche* aux plus hauts sommets, le plateau où a été bâti le sanctuaire de NOTRE-DAME DE FONT-ROMEU, voit en face, au Sud, la majestueuse chaîne des Pyrénées, qui se développe et

---

1. MGR GERBET, *Esquisse de Rome chrétienne*, I, p. 14.

s'élève depuis le lointain *Canigou* jusqu'à *Puigmal*, s'arrête un moment et s'ouvre pour laisser un passage au *Sègre* et va rejoindre ensuite, par les pics du *Val d'Andorre* et de l'*Ariège*, les cimes inaccessibles de *Col Rouge* et de *Carlit*. Le dernier arc de ce cercle de montagnes qui l'entoure est fermé par les escarpements de roches granitiques à travers lesquelles s'écoulent, tombent, se précipitent, au milieu de forêts du plus saisissant aspect, les eaux de quarante étangs échelonnés sur les contreforts de *Carlit, dans chacun desquels,* comme l'a dit le Poète, *se mirent avec toute leur beauté tous les astres de la nuit* (¹), et le cours de la Tet qui se creuse un canal et serpente tout le long des vastes et froids marais de la *Bullouse*, avant d'entrer, au *Pla de Barrès*, dans le lit naturel qui le porte à la mer.

Isolé et au-dessus du tumulte du monde, presque aux confins du ciel, qu'il semble toucher par ses sublimes horizons, FONT-ROMEU, avec son carré de bâtiments, vous apparaît

---

1. CANIGO, p. 75.
Quaranta estanys blavosos lo coronan
quaranta estanys de virginal puresa
en quiscun d'ells ab tota llur bellesa
se miran tots los astres de la nit.

comme le tranquille préau d'un monastère, dont les forêts forment le cloître, les pins sombres, les galeries à demi-ajourées, et les hautes montagnes, la clôture et l'enceinte.

Le pèlerin y devient *moine* dans la rigueur du mot. Il n'a de vue sur la terre habitée que du haut de la *Tosca*, dont les blocs de granit superposés, ont été par une inspiration pieuse, transformés en Calvaire. Il est vrai qu'il peut jouir de là d'un admirable spectacle. Les deux Cerdagnes lui découvrent largement et joyeusement toutes leurs richesses. Mais le pèlerin contemple sans danger les aspects variés de cette ravissante nature, parce qu'il est trop haut pour arrêter ses yeux à l'image indécise et presque effacée des villages et des cités et parce qu'il voit tout du pied de la Croix.

Son âme, qui prend de là son vol vers les plus hautes sphères, ne songe même plus aux vulgaires agitations des choses d'en-bas.

Il n'est pas de lieu plus favorable à la prière. En dehors des jours tumultueux des grandes réunions annuelles, rien n'y vient troubler le pèlerin dans ses méditations pieuses. Là, il n'entend d'autre bruit que le murmure de la fontaine et du modeste ruisseau qui coulent auprès du sanctuaire ; que les cris doucement aigus ou plaintifs des oiseaux des forêts ; que le choc, souvent amorti par le gazon, des pommes de pin détachées par la dent incisive de l'agile écureuil ; que les rares et lointains beuglements des taureaux et des vaches et la voix des pasteurs qui parcourent ces vastes vacants ; que les ondulations solennelles et mystérieuses de flots invisibles poussés de temps en temps par les vents à travers les forêts et qui résonnent et se répondent d'une cime à l'autre comme d'immenses buffets d'orgue dans un prodigieux concert ; que le son tout aérien et tout céleste des cloches, écho de la voix des anges, qui, sur l'ordre de Dieu, sans doute, firent, de cette solitude imposante, le CAMARIL (1) privilégié de la Vierge-Mère et se plaisent encore à y chanter son nom (2).

Telles sont les raisons et les circonstances

---

1. CAMARIL, diminutif de *Camera* ou *Camara* chambre, signifie, dans sa véritable acception, *petite chambre* ou *petit appartement* et s'est trouvé employé, dans les pays de langue Catalane ou Castillane, pour désigner la niche profonde et souvent ajourée des images de la sainte Vierge ou des saints, dans les églises.

LE CAMARIL peut être aussi regardé comme le diminutif et le reste de la *Camera* des anciennes basiliques romaines.

2. L'illustre auteur de CANIGO a dit de *N.-D. de Nuria*.

« .... *distretes ses orelles*
« *indignes son d'ohir vostra canturia*
« *oh serafins ! que en aquella hora, en Nuria*
« *bastiau per la Verge un Camaril* ».

diverses suivant lesquelles la divine Providence a ménagé la découverte de l'Image vénérable qui doit faire dans le prochain chapitre l'objet de notre étude spéciale.

CHAPITRE QUATRIÈME.

Images de N.-D. de Font-Romeu.

I. — Caractères généraux des antiques madones de la principauté de Catalogne. — Type byzantin — Type latin.

II. — Images de Notre Dame de FONT-ROMEU : Image de l'Invention... sa description et sa conformité avec le type latin. — Deuxième image : sa description... Original ou copie ? — Troisième image : La Vierge noire — Quatrième image : la statue d'OLIVA.

A matière qui doit être traitée dans ce chapitre peut être considérée comme le sujet principal de ce livre et comme le centre où vient nécessairement converger tout ce qui a été accompli, à FONT-ROMEU, par Dieu même ou par les hommes.

FONT-ROMEU n'a existé et n'existe que par l'Image et pour l'Image que j'ai à décrire.

Mais, sans m'engager dans une longue dissertation d'archéologie et d'iconographie sacrées, je dois, avant de mettre NOTRE-DAME dans un jour qu'Elle n'a jamais eu, signaler les caractères principaux des antiques madones de la Principauté de Catalogne. Ces observations préliminaires m'ont paru indispensables pour la pleine intelligence du sujet qui nous occupe. Elles nous serviront d'ailleurs à mieux déterminer l'âge de notre statue et son antiquité respectable.

L'on peut classer les plus antiques madones de la Principauté de Catalogne en deux groupes distincts ([1]).

Les Vierges du premier groupe, absolument semblables, par la matière, à celles du second, sont presque toujours de bois doré ou peint, quelquefois de marbre ou de pierre, très rarement de cuivre, plomb ou étain. Il faut, je crois, estimer d'un âge postérieur celles qui sont d'argile ou de terre cuite.

Ces Vierges sont assises, avec ou sans coussin, sur un trône ou siège de la forme des chaires épiscopales, qui se voient fréquemment dans les monuments de l'Église primitive.

Elles sont vêtues de la tunique ou *stola* et recouvertes tantôt du manteau ou *palla*,

---

1. Tout en maintenant cette classification, je ne prétends pas affirmer que toutes les madones antiques de la Province de Catalogne soient de provenance gothique. L'art carlovingien a dû exercer son influence sur le Nord de l'Espagne, mais sans modifier les types que je définis. *L'art carlovingien*, comme l'a observé Mr LECOY DE LA MARCHE, *et l'art byzantin étaient cousins germains, étant issus l'un comme l'autre de la décadence romaine.*

tantôt d'une courte *pénule*, tantôt d'une *planète* en pointe, ayant la forme d'une chasuble, comme on peut aisément le constater par l'Image qui a été reléguée, jusqu'à ces derniers temps, dans un coin de la sacristie de l'Église d'*Égat* (¹).

Elles ont sur la tête un voile qui encadre leur visage et tombe sur les épaules, selon la coutume des femmes juives (²).

Elles portent la chaussure pleine et en pointe. Ce qui les distingue par-dessus tout, c'est qu'elles ont le divin Enfant appuyé contre la poitrine ou assis au giron *(falda)*.

Par ces divers caractères, ces Vierges, dont le nombre est considérable en Catalogne, reproduisent, avec une grande exactitude, *le type byzantin*.

L'on sera peu surpris de ce fait, si l'on veut bien tenir compte des longues et fréquentes relations qui avaient existé entre l'Église gothique d'Espagne et l'Église de Constantinople. Les *Martin de Brague*, les *Jean de*

---

1. Cette madone d'Égat a beaucoup de ressemblance avec *la Vierge noire de Chartres* reproduite d'après un dessin ancien conservé aux Archives d'Eure-et-Loir, par M. Lecoy de la Marche, dans son *Treizième siècle artistique*. Seulement son exécution a été plus grossière.
2. Camos : *Jardin de Marie*. Passim. Martigny : *Dictionnaire des antiquités chrétiennes*, passim.

Biclar, les *Saint Léandre*, etc. ne manquèrent point sans doute d'apporter de Byzance, avec leurs trésors de vertus et de science et les canons des conciles, le type de la Mère de Dieu, consacré dans l'Orient pour l'expression du dogme catholique (1).

Les Vierges du second groupe reproduisent, avec une égale fidélité et avec la même portée doctrinale, *le type latin*, ou, si l'on veut, le type primitif et traditionnel des Catacombes.

Ces Vierges, comme celles du premier groupe, vêtues de la tunique et du *pallium*, un voile sur la tête, les pieds chaussés et en pointe, sont assises majestueusement sur un siège épiscopal ou *cathedra*. Leurs traits distinctifs sont qu'elles ont moins de raideur que les Vierges byzantines et qu'elles tiennent l'Enfant Jésus sur le genou ou dans le bras gauche.

Elles tendent souvent la main droite, comme pour appeler les fidèles au Fils de Dieu, et présentent aussi, de cette main, tantôt un fruit doré ou de couleur, tantôt un simple rameau ou une tige de fleurs.

L'Enfant Jésus, toujours bénissant de la

---

1. *Institutions liturgiques* de Dom Guéranger, t. I. p. 208.

main droite, porte quelquefois, à la main gauche, un fruit, un oiseau, et plus généralement un livre, ouvert ou fermé, avec ou sans inscriptions. Ses pieds sont toujours nus.

II. C'est à ce deuxième groupe que nous devons rattacher l'antique et vénérable Image de Notre-Dame de Font-Romeu.

J'ai la douce joie de la montrer et de la décrire, telle qu'elle est, pour la première fois depuis Camos (1), mais avec plus de vérité, grâce à l'aimable condescendance de Monsieur l'abbé François Buscall, curé actuel d'Odello et à l'obligeance de Monsieur l'abbé Quennec, de Rennes, pèlerin de Font-Romeu, qui s'est empressé de mettre ses loisirs et son art au service de Marie.

L'Image de Notre-Dame, découverte dans la forêt de *la Calme* et qui a reçu le vocable de Notre-Dame de Font-Romeu, est une statue de bois, totalement dorée, ayant soixante-six centimètres de hauteur et quarante centimètres de largeur à la base du siège.

---

1. Description faite par Camos : La *Imagen es de madera, está sentada, y es dorada. Tiene piés agudos, la mano derecha larga, y la cara muy compuesta. Tiene de alto tres palmos y medio. Al Jesus tiene sentado en la rodilla izquierda, vestido con sayco dorado también, lo sustenta ella con su izquierda. Da la bendicion con la derecha muy levantada, y con la otra tiene un libro alto un poco. Tiene los piés descalzos y mira al pueblo.*

Madone dite de l'Invention.

Elle est vêtue d'une tunique unie et totalement fermée, comme la *penula*, à la naissance du cou, sans collier ni bordure d'aucune sorte.

Elle est recouverte d'un manteau sans fibule ou plutôt d'un long voile, qui enveloppe la tête et tombe en plis symétriques et verticaux jusqu'aux épaules. Ce voile est rabattu de chaque côté du visage qu'il encadre. Il passe sur le bras droit, laisse le buste découvert, s'étend au-dessous de la main droite sur les genoux et se trouve ramené sur le côté droit du siège, où ses extrémités sont fixées.

Détail plus que singulier, mais qui ne ressort pas de la composition primitive de la statue, comme je le dis plus bas, la Vierge bénit de la main droite, tendue en avant dans le sens horizontal et moins élevée que la main de l'Enfant Jésus, pour indiquer peut-être que le pouvoir dont Elle dispose est un pouvoir subordonné, de second ordre.

De la main gauche, Elle retient l'Enfant Jésus, qui est assis sur son genou gauche. Les jambes tombent dans une direction perpendiculaire et parallèle et les pieds sont munis d'une chaussure pleine dont la pointe seule est apparente.

L'Enfant Jésus est vêtu d'une tunique qui

couvre tout son corps et ne laisse voir que l'extrémité des pieds nus, posés sur le rebord inférieur de son propre vêtement. Il bénit de la main droite et Il soutient de la main gauche un livre fermé. Le bras droit a été refait et mal fait.

Le visage de la Vierge, qui a pu être brun ou noir, a reçu, dès le milieu du XVIIe siècle, une carnation naturelle (¹). Il a une expression d'autorité mêlée d'une bienveillance presque souriante. La tête de l'Enfant Jésus, quoique plus dure, est empreinte du même caractère.

Le dos de la statue est creux, de la base à la hauteur des coudes.

Je dois ajouter, pour expliquer la pose anormale du bras droit de la Vierge, qu'il a été substitué au bras original, brisé dans quelque choc malencontreux, par tel ouvrier de village peu au courant des règles et des exigences de l'iconographie chrétienne.

Telle qu'Elle est, sous le riche *paludament* de soie et d'or qui la cache aux regards, et telle qu'il m'a été donné de la reproduire, la Vierge de Font-Romeu porte les caractères du type primitif et traditionnel des Vierges

---

1. Llibre de Comptes. B. *Archives paroissiales d'Odello.*

Madone d'Odello.

des catacombes et les traits d'une ressemblance frappante avec les images que les *Bosio*, les *Bottari*, les *Garrucci*, les *Marchi*, les *De Rossi* et les *Martigny* nous ont fait connaître.

Quelle que soit sa valeur au point de vue de l'esthétique, je puis dire qu'Elle a été composée suivant les règles et l'idéal convenus dont les artistes chrétiens des premiers siècles étaient pénétrés et qu'ils exprimaient tous dans leurs œuvres.

Il existe une deuxième Image de la Vierge qui n'a pas été sans doute étrangère au fait de Font-Romeu et que je n'ai pas cru pouvoir passer sous silence. Elle a pour nous le plus grand intérêt dans le sujet qui nous occupe.

Je veux parler de la Madone qui se trouve à la niche supérieure de l'ancien retable de l'autel majeur de l'église paroissiale d'Odello.

Cette Vierge, dans son ensemble, diffère peu de la Vierge de l'Invention. Elle a presque les mêmes proportions. Elle est de bois et totalement dorée. Elle est assise, vêtue de la tunique. Un voile ou manteau couvre sa tête, descend en plis verticaux et s'arrête, en forme de courte pénule, au bas du buste qu'il enveloppe entièrement. La tunique étroite et raide laisse voir les pieds dans toute leur longueur.

La chaussure est pleine, plate et en pointe. La main droite ouverte, les doigts courbés en dedans, est portée en avant dans une direction horizontale ; elle semble faire appel et exprimer ces paroles : Vénez à moi, *venite ad me*. La main gauche est ouverte et appuyée sur l'épaule gauche de l'Enfant Jésus.

Le Fils de Dieu est assis sur le genou gauche de la Vierge. Il est vêtu de la tunique et d'un manteau dont un pan est ramené, à la manière antique ou espagnole, sur l'épaule gauche. Ses pieds sont nus et pendants,

Le visage de la Vierge est calme, mais empreint d'une tristesse lourde et sévère.

Sans exprimer toutes les pensées que cette Image me suggère et sans trancher la question de savoir si nous sommes en présence d'un *original* ou d'une simple *copie*, je suis porté à croire que les hommes experts dans les choses de l'archéologie la jugeront, d'après ces caractères, plus ancienne que l'image même de l'Invention.

Pour ce motif j'exprime le vœu qu'elle soit traitée selon sa dignité et entourée du plus grand respect.

Il y a, à Font-Romeu, une troisième Image de la Vierge. Elle est enveloppée dans un riche manteau de soie, surchargé d'ex-voto. Elle se trouve actuellement dans l'intérieur du *Camaril*. L'on avait coutume de la substituer à la Vierge de l'Invention, lorsque, après un court séjour à Font-Romeu, celle-ci est rapportée, tous les ans, le 2 juillet, dans l'église paroissiale d'Odello. C'est, en toute vérité, une image supplémentaire.

Je suis loin de prétendre ou de supposer même qu'elle soit pour cela moins digne de respect. Pour lui prodiguer toutes les marques de ma vénération, il me suffit de savoir que d'innombrables foules sont venues prier devant elle. Les manifestations de la foi du peuple lui ont donné une sorte de consécration qui doit nous la rendre chère.

Elle est brune ou plutôt noire.

D'où peut venir le teint foncé, brun et presque noir dont cette Image est empreinte ? Ce teint lui a été probablement donné par imitation de la Vierge même de l'Invention, brune ou noire jusqu'en 1664, ou de la Vierge de Montserrat, qui est, comme chacun sait, *Morena, moreneta*, à moins que nous ne devions appliquer à cette Vierge supplémentaire de Font-Romeu l'explication que le savant historien de la Catalogne, D. Antonio de Bofarull y Broca a cru pouvoir fournir de la couleur sombre de N.-D. de Montserrat (¹).

Ce teint brun, si prononcé qu'il confine à la couleur noire, a pu provenir, par un effet tout naturel, du changement qui s'opère, avec le temps, dans les peintures où l'on fait entrer le carbonate de plomb, vulgairement appelé blanc d'Espagne. Cette matière, par son contact avec l'acide sulfhydrique très répandu dans l'atmosphère, produit le sulfure de plomb, se transforme et prend la couleur noire qui est son extrême contraire.

Ainsi peut s'expliquer le teint de la Vierge supplémentaire de Font-Romeu.

Cette Image de la Vierge, de proportions et de formes presque rudimentaires, quelque vénérable qu'elle soit d'ailleurs par son antiquité et les hommages reçus, parut, dans ces derniers temps, non sans raison, je l'avoue, peu convenir à l'importance du sanctuaire et aux exigences du goût plus épuré de nos générations.

Dès l'année 1869, le Conseil de fabrique de la paroisse d'Odello et de Font-Romeu se préoccupa de lui substituer une statue plus irréprochable, au point de vue des règles du Beau.

---

1. *Historia de Cataluña*, t. II, p. 218.

L'on ne pouvait hésiter sur le choix de l'artiste à qui serait demandée cette œuvre nouvelle. Le modeste village de Saillagouse, situé au pied de Font-Romeu, a eu la gloire de donner le jour à un artiste-statuaire véritablement original, qui est arrivé, en dehors de toute tradition académique et par la seule vigueur de son génie, à un très haut point de perfection.

Les sentiments connus de *M. Alexandre* Oliva ([1]), son attachement au sol natal, son noble et légitime désir de mettre son art au service de sa propre patrie et son rêve déjà pressenti de créer un nouveau type de Vierge, permettaient d'espérer qu'il seconderait ce dessein de tout son pouvoir et qu'il se chargerait lui-même de produire l'œuvre projetée. Cet espoir ne fut pas déçu; et le Conseil de fabrique d'Odello, par une délibération prise, le 3 octobre 1869, décidait, sous certaines conditions qui furent acceptées, de lui confier l'exécution d'une statue de N.-D. de Font-Romeu, en marbre blanc d'Italie ([2]).

---

[1]. Depuis que ces pages ont été écrites, M. Oliva est mort subitement à Paris, dans la seconde quinzaine du mois de février 1890.

[2]. Le Conseil de fabrique d'Odello a offert à M. *Oliva* la somme de deux mille cinq cents francs, payables, *mille francs*, à la réception de la statue, *mille francs*, six mois après et *cinq cents francs*, à un an de date.

Les tristes événements qui vinrent tout à coup plonger la France dans le deuil, firent obstacle à l'accomplissement immédiat du traité conclu ; mais lorsque les cœurs purent librement respirer et s'épanouir, s'ouvrir même à de radieuses espérances, que les intrigues des politiques firent, hélas ! si tôt évanouir, le 2 juillet de l'année 1873, appelée avec juste raison l'*Année des Pèlerinages*, Monseigneur RAMADIÉ, évêque de Perpignan, au milieu d'un concours de dix mille fidèles accourus de tous les points de son diocèse, inaugurait avec éclat *la nouvelle Vierge de* FONT-ROMEU.

« Tout est remarquable dans la VIERGE
« D'OLIVA : la pose de la Mère qui porte si bien
« son Enfant et qui se cambre légèrement
« sous ce poids divin ; l'expression de son
« visage où éclatent à la fois toute la joie
« d'une douce maternité et toute l'humilité
« d'une servante du Seigneur ; les plis vrai-
« ment admirables de son costume si bien
« choisi et toute cette draperie si pieusement
« conçue et si délicatement exécutée ; mais
« surtout, s'il est permis de se servir de ce
« mot pour une œuvre de maître si inatta-
« quable dans tous ses détails, cet Enfant si
« admirablement découpé, qui, mis en quelque

« sorte au premier plan, attire, arrête, captive
« invinciblement le regard du chrétien et
« auquel instinctivement on adresse la pre-

La Vierge d'Oliva.

« mière prière. Oui, LA VIERGE D'OLIVA est
« d'un genre unique et d'une de ces puretés

« classiques unies à une sensibilité d'expres-
« sion qui fait de cette œuvre une œuvre
« d'école et d'une école qui en nous annonçant
« le réveil de l'art chrétien nous annonce aussi
« le réveil de la France (¹). »

Je n'ai pas cru qu'il fût possible de rien
ajouter à cette fine analyse, à cette description parfaite de la Vierge d'Oliva, si ce n'est
que, par la façon dont elle est campée sur la
demi-sphère et le socle qui la supportent,
Elle semble plus tenir du Ciel que de la
terre.

Quel trait pouvait échapper à l'âme délicate et toute éprise d'idéal chrétien qui a su
en traduire la beauté dans une simple page ?
Déchirant le voile de l'anonyme, je remercie
M. Henri Tolra de nous faire jouir, par le
prestige de son style, de tous les détails d'une
œuvre qu'un faux jour, ou, pour mieux dire,
une regrettable obscurité dérobe presque à
nos regards.

L'artiste lui-même me permettra de reproduire ici, pour lui exprimer mes propres sentiments, le vœu si touchant qu'a formulé son
tendre ami Pierre Talrich, hélas ! ravi par

---

1. *Semaine religieuse de Perpignan. Année 1873*, p. 330-331.

la mort à son affection et aux lettres catalanes (¹):

> OLIVA *es fill d'eixa montanya.*
> *Verge santa de Font-Romeu*
> *Que'l seu cisell ha celebrada*
> *Diheu sos mérits al bon Deu*
> *Siau per ell bona advocada!* (²)

---

1. Ce vœu qui paraissait si légitime, du vivant de l'artiste, garde toute sa portée et son étendue, même et surtout après sa mort.
2. *Recorts del Rossello*, p. Pierre TALRICH, p. 16.

CHAPITRE V.

Dénomination du lieu de Font-Romeu.

I. — Le nom de FONT-ROMEU : sa composition et son étymologie. — II. Variante ajoutée à la légende de CAMOS et reproduite par le ciseau de SUNYER.

OUR clore ce premier livre tout entier consacré aux origines, au fait primordial de cette histoire, je dois expliquer le sens contenu dans le nom même de FONT-ROMEU.

Le plus souvent les antiques madones ont pris le nom du lieu de leur invention. Si cet usage avait eu son application ici, Notre Vierge aurait pu être appelée : *Notre-Dame de la Calme* ou *Notre-Dame d'Odello*, ou bien encore *Notre-Dame de la Forêt*, ou *Notre-Dame des Pins*, etc., etc.

Mais la dénomination qui lui a été attribuée est plus précise et plus complète. Elle a été empruntée aux deux principales circonstances qui ont marqué le fait même de l'invention.

La vive imagination du peuple, qui saisit avec la rapidité de l'éclair les détails les plus minutieux des événements et des choses, ne pouvait manquer de faire entrer, comme premier élément, dans la composition du nouveau vocable de Marie, la source auprès de laquelle avait été découverte sa vénérable Image. Cette Vierge était bien la Vierge *de la Fontaine*. N'y avait-il point encore un autre rapport dont il fallait tenir compte ? Dans l'idée et le sentiment du peuple, la Mère de Dieu n'avait-Elle pas fait jaillir *cette fontaine*, comme un signe de sa présence et comme le gage et le canal des faveurs qu'Elle se plairait à répandre en ces lieux ? Comment séparer du nom de Notre-Dame le nom de la source que l'on pouvait regarder comme un don de sa libérale et puissante main ?

Quoi qu'il en soit, la première partie du nom de Font-Romeu s'explique sans effort. Elle est tirée du mot qui désigne, dans notre langue vulgaire —*(Font, la Font, Fons)*— la source jaillissante dont les eaux limpides et glaciales sont les délices du pèlerin.

La seconde partie demeure plus obscure. Car, si le sens du mot Romeu [1] est connu et

---

1. Romeus, *qui ad sanctum Petrum peregrinationis gratia pergit* — pèlerin ; particulièrement celui qui va en pèlerinage à St-Pierre de Rome ou qui en revient : ol. *Romieu, Romier, Romiviage* (Lexicon manuale ad scriptores mediæ et infimæ latinitatis).

clair pour tous et désigne simplement et communément *un pèlerin*, dans la langue catalane et castillane, aussi bien que dans le latin du moyen âge et même dans notre vieille langue française, je ne puis, avec une certitude absolue, définir l'application spéciale qu'il faut en faire au cas présent.

En admettant qu'elle existât avant l'invention de la Vierge, cette fontaine portait-elle déjà l'appellation de FONT-ROMEU ? Nous n'avons pas le plus léger motif de le supposer.

Il est manifeste d'abord que cette désignation ne peut être équivalente d'aucune manière à une prise de possession par le maître du lieu, ni à un titre quelconque de propriété, ni à un nom de terre, puisque les pasquiers de *la Calme* et la forêt qui portent aujourd'hui le nom de FONT-ROMEU, n'ont eu d'autres propriétaires, depuis le comte Guifre jusqu'à nous, que le monastère de St-Martin de Canigou et la communauté paroissiale d'Odello.

Le nom de ROMEU n'est pas davantage ici

Selon DU CANGE, les noms de ROMEUS ou de ROMIPETA s'appliquent non seulement à celui qui va en pèlerinage à Rome, mais à tous les autres pèlerins, *nec tantum qui Romam peregrinationes instituunt, sed quivis peregrini ita appellati.* V. DU CANGE. ad h. voc.

un nom patronymique ; car si ce nom est échu comme un bien propre et comme appellation distinctive à d'honorables familles de diverses contrées (1), je puis dire qu'à Odello ce nom n'a été porté avec cette signification par personne. Il n'en existe point de trace dans les actes publics ni dans les listes familiales.

Je ne pense même pas que la signification primitive du nom de FONT-ROMEU puisse se traduire par *Fontaine des Pèlerins*. Cette dernière interprétation, que l'on pourrait tenter de justifier par la grande affluence des fidèles et par leurs fréquents pèlerinages dans ce lieu béni, ne serait pas rigoureuse.

Le mot ROMEU ne saurait être pris ici dans un sens général et indéfini. D'ailleurs, ainsi expliquée, cette dénomination n'aurait pu être donnée qu'après coup.

Or l'âme du peuple, surtout quand un saint transport la saisit, est plus prompte dans ses créations. Elle ne pouvait faire à Marie l'in-

---

1. Pour ne citer qu'un exemple, LLIVIA, petite ville espagnole, enclavée dans le territoire français, possédait dans son sein, dès le douzième siècle, une famille de *Romeus*, qui a eu la gloire de donner à l'ordre des Frères Prêcheurs, *le Bienheureux Romeu de LLivia*, contemporain de Saint-Dominique, surnommé l'Ami de JÉSUS et de Marie et mort à Carcassonne, en 1261. — LE R. P. CORMIER a écrit et publié, en 1884, sa biographie.

jure de laisser sans nom, même pour un temps, sa vénérable Image. C'eût été de l'indifférence, du mépris, presque un sacrilège. Cette façon d'agir n'était pas dans les mœurs des chrétiennes populations de notre vieille Cerdagne. Elles n'eurent pas besoin, pour trouver le nom qui convenait le mieux à NOTRE-DAME, de recourir à de longs calculs, à des combinaisons laborieuses.

Le nom de FONT-ROMEU a été, selon ma manière de penser, le cri spontané, l'acclamation enthousiaste, le nom inspiré, où tout le peuple ému a voulu résumer les circonstances principales de l'Invention.

Or l'on ne pouvait manquer de faire entrer aussi dans cette dénomination le souvenir du plus noble et principal acteur dans l'œuvre providentielle qui venait de s'accomplir. Le mot ROMEU ne peut être regardé, avec quelque probabilité, que comme le *surnom* du pasteur, dont la Providence voulut se servir pour découvrir l'Image de Marie. Le sens primitif, véritable, exact, du nom de FONT-ROMEU ne peut être traduit, en notre langue, que par ces mots : LA FONTAINE DU PÈLERIN.

II. — J'ai, pour appuyer ce sentiment, la

Légende de l'Invention,
panneau sculpté de Sunyer.

tradition populaire, mise en relief par le ciseau de Sunyer, au bas du retable de notre sanctuaire, et qui ajoute, sans la contredire, à la légende de Camos, une gracieuse variante.

J'ai pu faire prendre la photographie des trois panneaux qui reproduisent, en trois sujets séparés, les détails principaux de cette découverte. Le lecteur pourra jouir lui-même de la vue de ces émouvantes scènes.

Le pasteur y est toujours représenté en habits de pèlerin, avec les coquillages réglementaires, sans doute parce qu'il avait dû faire, en son temps, le pèlerinage de Saint-Jacques de Compostelle, fréquemment pratiqué et florissant surtout au XIVe siècle [1]. Cette particularité de sa vie lui aurait valu le surnom de Romeu ou *pèlerin*.

Le panneau central, maintenant caché aux regards par un tabernacle mobile qui est loin

---

[1]. Quand je dis que Saint-Jacques de Compostelle a été surtout florissant au XIVe siècle, ce qui est, je crois, établi par l'histoire, je n'ai pas voulu donner à penser que ce sanctuaire ne fût pas visité dans les siècles précédents. Pour ne citer qu'un fait, nous savons que plusieurs seigneurs et séculiers *du Xe siècle* entreprirent divers pèlerinages qui étaient fort à la mode, surtout ceux de Jérusalem, de Saint-Jacques en Galice, de Saint-Pierre de Rome. — V. *Histoire générale de Languedoc*. An. 975. et *Mœurs du moyen âge*. Études des RR. PP. Jésuites. Octobre 1889.

d'être en harmonie avec le retable de l'autel, représente le fait même de l'Invention.

Ce panneau qui est le plus considérable, a la forme presque ovale du médaillon. Il est entouré d'une belle guirlande de fleurs qui lui sert d'encadrement. — A gauche, derrière un grand arbre, à branches touffues, apparaît le village d'Odello, dont l'église et le clocher sont exactement reproduits et au-dessus duquel le soleil répand de tous côtés ses rayons éclatants. Au milieu du tableau, sur un rocher gazonné, couvert de fleurs et couronné d'un bouquet de pins, se dresse l'Image de NOTRE-DAME. Elle porte, sur ses bras, l'Enfant JÉSUS, qui se penche et désigne de la main la source jaillissant en flots abondants, aux pieds de sa Mère. Au-dessous, le Pasteur-pèlerin, à qui l'Image de Marie se révèle, fléchit le genou. Il a découvert sa tête presque dénudée et tient d'une main tendue en avant son large chapeau; l'autre main est appuyée sur sa poitrine. Son attitude exprime tout à la fois la supplication et l'étonnement. La plus suave piété est répandue sur son visage et son regard, dirigé vers la Madone, a la fixité de l'extase.

De l'autre côté, presque à hauteur de la source même, le taureau ploie ses genoux.

Manifestement apaisé, sous l'empire de Marie, il baisse la tête, empreinte d'une douceur qui ne lui est pas naturelle. *Battant l'air de sa queue, à l'entour de ses flancs*, il trahit par le reste de l'allure son humeur sauvage.

Sur un accident inférieur du rocher, un pasteur empressé a déposé son panier de provisions. Tout du long étendu et s'appuyant de ses mains contre le sol, il boit avec avidité aux eaux de la fontaine, qui coule entre ses jambes. Plus loin, un autre berger se tient debout et contemple la scène avec surprise.

Pour donner à son tableau une couleur plus locale encore, l'artiste a représenté, au dernier plan, la *Tosca* ou le *Padro*, avec l'édicule qui a été remplacé de nos jours par la croix gigantesque du Calvaire. Dans l'horizon le plus lointain, la chaîne de nos Pyrénées laisse reconnaître ses formes indécises et presque effacées.

L'artiste a traité ce sujet avec amour. Il y a déployé toute sa puissance d'invention et la magie de son ciseau. Je le soupçonne même d'avoir voulu y réserver une place pour lui et sa famille et d'y avoir attaché son *ex-voto*, sous l'image d'un cœur surmonté de deux arbres d'inégale grandeur, mais unis, à la racine des-

Légende de l'Invention,
panneau sculpté de Sunyer.

quels l'on voit croître un arbrisseau et pousser deux plus jeunes rejetons.

Ne sont-ce point là les trois fils que lui avait déjà donnés son épouse *Thérèse*, à l'époque de ce travail : Pierre, son aîné, décédé en bas âge et enseveli à FONT-ROMEU et deux plus jeunes frères, nés à Prades, pendant la confection du retable de Saint-Pierre ?

Je ne crois pas cette supposition tout à fait imaginaire et j'estime qu'un artiste peut bien être sujet à un de ces caprices où le cœur a plus de part que l'esprit.

Dans le panneau qui est au côté de l'Évangile, le *pasteur-pèlerin* vient d'annoncer à la communauté paroissiale d'Odello l'invention de la Vierge. Le prêtre et les fidèles, accourus à l'entrée du village, écoutent, avec tous les signes de la surprise et de l'admiration, l'heureuse nouvelle qui leur est apportée. Le *pasteur-pèlerin*, la tête nue, le bras droit tendu, et tenant à la main son large chapeau, indique manifestement le point de la montagne où la pieuse Image a été révélée.

La fontaine est apparente et laisse couler ses flots au premier plan. La Vierge est encore cachée.

Il n'est pas jusqu'à l'heure où s'accomplit ce message que nous ne puissions conjecturer. Un soleil éclatant se montre déjà au-dessus des plus hauts sommets du midi ; et, par une gracieuse fiction pastorale, l'artiste nous a signifié que c'était l'heure du repos et du repas, presque le milieu du jour.

De trois bergers représentés sur les pentes de *la Calme*, l'un revient au point de rassemblement, portant sur ses épaules quelque brebis égarée ; l'autre présente au feu son pot-au-lait ou quelque ragoût, pendant que le troisième, étendu, la tête appuyée sur son coude gauche, goûte, au pied d'un arbre, la douceur du sommeil, dans l'attitude qui a été donnée au vieux Jessé, à la racine de l'arbre mystique, sur les antiques verrières de nos cathédrales ou dans les enluminures de nos anciens livres d'heures.

Le panneau que l'on voit du côté de l'Épître n'a pas moins de mouvement. Il a pour sujet la procession des habitants d'Odello, qui se rendent au lieu de l'Invention.

Le curé de la paroisse, en chape, est assisté d'un diacre et d'un sous-diacre, qui portent le grémial, comme aux plus grandes solennités.

Légende de l'Invention,
panneau sculpté de Sunyer.

Ils sont précédés de la croix et des acolytes, dont les vêtements flottent au vent. Ils sont suivis de la foule du peuple visiblement empressée et impressionnée. Le *pasteur-pèlerin* qui est au-devant, tête nue, leur montre de la main droite, sur un monticule, la statue rayonnante de la Vierge-Mère. Une fontaine jaillit en flots abondants de ses pieds. Au-dessous et à droite, dans le creux même où la Vierge avait été cachée jusque-là, l'on voit un ange, aux ailes déployées, qui se dérobe et se retire, comme pour signifier que la mission qui lui avait été confiée de garder la vénérable statue est maintenant terminée.

A gauche, le taureau, les genoux pliés, lève sa tête vers l'Image de Marie, sur laquelle d'ailleurs tous les regards sont fixés.

On le voit, le sens traditionnel du nom de FONT-ROMEU nous a été conservé en fort beaux caractères par le ciseau de SUNYER. En l'absence de tout document positif, était-il permis de supprimer cette page où son habile main a si admirablement exprimé l'interprétation, reçue de son temps, du vocable de NOTRE-DAME DE FONT-ROMEU ?

Ces panneaux en relief, mis au bas du retable de l'autel-majeur, tiennent pour nous la place de ces inscriptions que le statuaire fait graver sur le socle de ses œuvres, afin d'en fixer le véritable sens et de dissiper toute équivoque.

Ils sont comme le sceau ou la signature imprimés sur un acte public, *ne varietur*.

C'est mon avis qu'ils tiennent lieu d'une déclaration authentique du sens qu'il faut donner au vocable de Font-Romeu et qu'ils ont été destinés à en prévenir l'altération.

Notre Vierge a donc été et doit être à tout jamais : Notre-Dame de la fontaine du Pèlerin, Notre-Dame de Font-Romeu.

LIVRE DEUXIÈME.
Le Culte de Marie à Font-Romeu.

CHAPITRE PREMIER.

Inauguration du Culte de Marie à Font-Romeu.

I. — Pèlerinages, *Aplechs* (1) et jours de fêtes. — II. Inductions chronologiques. — III. Les Goigs.

L'INVENTION de l'Image de Notre-Dame par le Pasteur-Pèlerin, dans la partie de *la Calme* désormais appelée Font-Romeu, produisit, à Odello et sur tous les points de la Cerdagne, une émotion profonde. Cette Image, révélée dans un lieu qui était si merveilleusement approprié au réveil et à la diffusion du culte de Marie dans nos contrées et dont les harmonies et les convenances avec le dessein providentiel étaient si éclatantes, fut regardée par tous comme un signe du Ciel, comme une apparition de Marie Elle-même.

S'il m'était permis de comparer les petites

---

1. Grands concours de monde.

choses aux grandes et de rapprocher un fait, que je ne puis, de ma propre autorité, élever au-dessus de l'ordre purement *providentiel*, d'un événement où le *surnaturel* afflue et d'un ordre supérieur, qui, depuis trente ans déjà, ébranle la France et le monde, je dirais que la révélation de la statue de Notre Dame, à Font-Romeu, fut dès l'origine, sous un rapport, ce qu'a été de nos jours l'apparition de la Vierge-Immaculée, aux grottes de Massabielle. Par cette découverte si miséricordieusement ménagée, Marie avait fait pressentir, à Font-Romeu, ce qui a été, à Lourdes, l'objet d'un ordre formel, d'une intimation directe : « *la volonté qu'il se bâtît là un sanctuaire où son nom serait invoqué et béni, et que l'on y vînt en procession* ».

La volonté de Marie fut promptement exécutée. A la première annonce de cette invention, les populations de *la Solana* et de *la Baga* (1) se mirent en mouvement et accoururent à Font-Romeu, comme naguère des foules innombrables volèrent de toutes parts et s'attachèrent aux pas de Bernadette sur les bords du Gave.

---

1. La *Solana* désigne la partie haute de la Cerdagne, plus exposée au soleil. La *Baga*, la partie basse, située au *Bach*, faisant face au nord, opposée à la *Solana*.

L'on se préoccupa sans retard d'ériger un oratoire sur le lieu de la précieuse découverte, près de la fontaine. L'édifice fut d'abord exigu et modeste, comme je le dirai plus loin. Mais que fallait-il au fond pour donner une première satisfaction aux réclamations enthousiastes de la piété ? Un autel et un abri, une sorte de provisoire, en attendant que des ressources suffisantes, offertes par la générosité des fidèles, permissent d'édifier une chapelle de proportions plus grandes et définitives.

Mais ni l'exiguité ni la modestie de ce premier oratoire n'étaient de nature à arrêter l'élan des chrétiennes populations de notre vieille Cerdagne. Et le mouvement qui s'est produit en ce temps m'a rappelé les antiques jours où toute la Judée s'ébranlait, selon les prescriptions de la loi mosaïque, et les foules allaient, de toute tribu, au temple de Sion, faisant retentir des cantiques composés pour ces solennels pèlerinages, les montagnes du Liban et du Thabor, les collines de la Galilée et les sommets d'Ephraïm.

De même, l'on vit toutes les communautés paroissiales de la Cerdagne, l'enthousiasme au cœur, le chant sur les lèvres, lorsque l'hiver était passé et que les neiges fondues laissaient éclore, avec le printemps, sous notre beau soleil, la verdure et les fleurs, se lever, marcher et bondir à travers leurs montagnes, pour acclamer et prier, dans tous les sentiments de la piété et de l'allégresse, Notre-Dame de Font-Romeu.

Cet ébranlement fut tel dès l'origine, ce concours de peuple fut si considérable, qu'en raison même de l'exiguité du Sanctuaire, l'on dut, pour favoriser l'élan général, diviser la Cerdagne en divers groupes de paroisses et assigner à chacun d'eux un jour de réunion ou d'*aplech*.

Odello, *Via*, *Egat* et *Bolquéra* formaient le premier groupe et ouvraient tous les ans la série des pèlerinages, le dimanche de la Très-Sainte-Trinité. Ces paroisses étaient suivies bientôt de *Targasona*, *Angoustrina*, *Villeneuve et Dorres*, le 11 juin, fête de Saint-Barnabé. Le mardi de la Pentecôte, c'était le tour de *Llivia*, *Eyna* et *Ur*. Tout le pays de la *Baga* proprement dit, comprenant *Saillagouse*, *Err*, *Llo*, *Sainte-Léocadie*, *Osseja*, *Palau*, *Caldégas*, *Ix*, *Nahuja*, *Estavar*, *Villallobent* venaient à la fin du mois de mai ou au commencement du mois de juin. Le jour de l'*Aplech* suivait, sans doute, pour ces dernières paroisses, les variations du temps, presque toujours incertain sur ces montagnes, en cette saison.

L'affluence des fidèles prenait encore de plus grandes proportions, le 8 septembre, jour de la *Nativité de Marie* et le 24 juin, jour de la *Nativité de saint Jean-Baptiste*. Ces deux fêtes furent, dès l'origine, les deux fêtes principales de Font-Romeu.

II. — Cette division de la Cerdagne en divers groupes de paroisses, qui font tour à tour leur pèlerinage, ces jours fixes de réunions ou d'*aplechs*, ces fêtes plus solennelles instituées à Font-Romeu, nous offrent une réelle et grande utilité. Un examen approfondi peut faire jaillir de cette source une lumière inattendue sur le point le plus obscur de cette histoire.

Car si, comme je l'ai dit, la date précise de l'Invention de Notre-Dame est et doit demeurer sans doute à tout jamais le secret de Dieu, de sa Mère et de ses anges, cependant, ces indications, consignées dans les anciens manuscrits des archives d'Odello et reproduites par le *Jardin de Marie* du Père

Camos, nous permettent de conjecturer, de déterminer même, par voie d'induction, d'une part, l'époque à peu près certaine de l'année, et, de l'autre, le siècle probable, où cet événement a eu lieu.

Il est manifeste d'abord que la découverte de notre Madone n'a pu être faite qu'à la belle saison, lorsque les troupeaux étaient déjà conduits en dépaissance dans les vastes et gras pâturages de *la Calme;* mais la désignation des jours de pèlerinages ou d'*aplechs* qui se tiennent tous, pour les divers groupes de paroisses, dans l'intervalle d'un mois, nous sert à définir l'époque à peu près certaine de l'année où l'événement s'est produit et à le placer entre le quinzième jour du mois de mai et le quinzième jour du mois de juin.

Ces concours successifs de communautés paroissiales, qui se rendent à Font-Romeu, à des dates si rapprochées et presque coup sur coup, trahissent le pieux empressement, la sainte rivalité avec lesquels elles voulaient se porter sur le lieu de cette révélation providentielle. Pourquoi seraient-elles accourues toutes à Font-Romeu, dans un si court espace de temps, si elles n'avaient été animées, la première fois, du désir d'assister, en quelque manière, au fait même de l'Invention, de s'en constituer les témoins, pour n'affirmer et n'attester que ce qu'elles auraient vu de leurs yeux et touché de leurs mains ; si elles ne s'étaient proposé, dans la suite, d'en célébrer l'anniversaire, aux jours les plus proches de son accomplissement ? Ces réunions, ces *aplechs* presque simultanés, qui se touchent, qui s'enchaînent les uns aux autres, qui ne sont que la prolongation de la première procession d'Odello, ne peuvent recevoir d'autre explication plausible.

C'était donc quand l'hiver était passé et que les neiges fondues s'étaient écoulées vers la plaine, aux premiers jours du printemps de ces froides contrées, que l'Image de Marie s'était levée et montrée à la lumière.

Une induction semblable, tirée des fêtes instituées, dès l'origine, à Font-Romeu, a éveillé en moi l'idée, et je l'émets au seul titre d'opinion probable, que l'Invention de Notre-Dame remonte, pour le moins, au quatorzième siècle.

J'ai déjà dit que les deux fêtes locales solennelles de Font-Romeu furent d'abord la fête de la *Nativité de saint Jean-Baptiste*, célébrée le 24 juin, et la fête de la *Nativité de Marie*, célébrée le 8 septembre. Sur ce point, aucun doute n'est possible.

Or, si, comme tout porte à le supposer, l'Invention de l'Image de la Vierge-Mère s'est produite à cette époque de l'année qui est comprise entre le 15 Mai et le 15 Juin, d'où vient que, en dehors du jour de la *Nativité de saint Jean-Baptiste*, les populations chrétiennes de la Cerdagne aient reculé jusqu'au 8 septembre, jour de *la Nativité de Marie*, la fête principale et locale de FONT-ROMEU ?

Pourquoi n'ont-elles pas choisi de préférence les fêtes qui sont célébrées, en l'honneur de la Mère de Dieu, dans cet intervalle et à des jours plus rapprochés de l'Invention, comme sont les fêtes de sa *Visitation* ou de son *Assomption* glorieuse au ciel ?

Je ne puis découvrir dans la fête de la *Nativité* elle-même ni dans les circonstances du temps où elle est célébrée, aucun motif particulier qui lui ait attiré ce choix. A mon sens, l'on ne peut expliquer cette célébration tardive de la fête principale de FONT-ROMEU que par le défaut au calendrier liturgique qui faisait loi, dans notre pays, à cette époque, de toute fête de Marie, célébrée entre le jour de l'Invention de Notre-Dame et le jour de *la Nativité*.

Cette observation s'applique avec une vérité absolue à la fête de la *Visitation de la sainte Vierge*. L'on n'eût pas manqué certainement de prendre pour la fête principale de Font-Romeu, la date du 2 juillet, particulièrement rapprochée de l'Invention de sa Madone, si, à pareil jour, l'Église eût célébré, en ce temps, *la Visitation de Marie*.

Or, comme la fête de la *Visitation de la sainte Vierge*, instituée par Urbain VI et promulguée par Boniface IX, n'a été publiée pour toute l'Église et fixée au 2 juillet que dans la 43ᵉ session du concile de Bâle, en 1441 ([1]), je suis fondé à croire que l'Invention de l'Image de Notre-Dame de Font-Romeu est antérieure à cette dernière date.

A défaut de *la Visitation*, qui n'avait pas encore pris sa place dans le cycle liturgique, ne semble-t-il pas du moins que l'on eût pu

---

1. V. Raynaldi. ad an. 1389. — Thomassin, *Traité de la célébration des fêtes*, L. II, ch. XX, p. 411. Benoit XIV, *De festis beatæ Mariæ Virginis, Lib. II, C. v.*

assigner, pour la grande fête de Font-Romeu, l'*Assomption de Marie au Ciel*, vieille de plusieurs siècles, comme fête religieuse, dans l'Église de Dieu? Sans doute ; mais lorsque cette Invention a eu lieu, la fête de l'*Assomption* était-elle célébrée déjà, LE 15 Août, d'une manière générale, en Espagne et en Catalogne?

Dans la Liturgie gothique ou mozarabe, suivie dans notre pays jusqu'à la dernière heure de sa durée légitime et même au delà, la fête de l'*Assomption de Marie* venait immédiatement après l'Épiphanie et était célébrée, le XV des calendes de février, c'est-à-dire le 18 janvier ([1]).

Il est vrai que, dès l'année 1068, le zèle éclairé de la princesse Adelmodis, femme de Raymond Bérenger, comte de Barcelone, secondant les efforts du cardinal Hugues le Blanc, légat d'Alexandre II, avait fait abolir la Liturgie gothique et décidé du triomphe de la Liturgie romaine dans la Catalogne ([2]). La fête de l'*Assomption* de Marie dut donc être transférée du 18 Janvier au 15 Août.

Mais cette réforme a-t-elle immédiatement

---

1. Mabillon, *De Liturgia Gallicana*, *p. 118 et 211*.
2. Dom Guéranger, *Institutions liturgiques*, *t. I, p. 282*.

eu son plein effet ? Le peuple de notre Cerdagne a-t-il, du premier coup, changé sur ce point ses habitudes ? Je n'oserais ni l'affirmer ni le nier. L'histoire ne nous a pas laissé ignorer la vive résistance qui fut faite, sous le pontificat de S. Grégoire VII, à l'abolition définitive de la Liturgie gothique et à l'introduction de la Liturgie romaine ni les retards qu'eut à subir l'adoption de celle-ci (¹).

Quoi qu'il en soit, s'il m'était permis d'appliquer à l'*Assomption de la sainte Vierge* l'observation que j'ai faite au sujet de la *Visitation*, je serais induit à croire que l'Invention de NOTRE-DAME de FONT-ROMEU a une origine plus haute encore. Je ne pousse pas jusque-là ma conclusion. Cependant je persiste à penser que cette Invention providentielle a eu lieu, à une époque où la fête de la *Visitation* n'était pas encore reçue d'une manière générale et où l'*Assomption*, en certaines parties de l'Espagne, n'était pas célébrée, au jour qui lui a été assigné dans notre Liturgie.

Mais la fête de la TRÈS SAINTE TRINITÉ choisie, dès l'origine, par *Odello* et le premier

---

1. ACTA SANCTORUM : *Tractatus Historico-chronologicus, ad tom. VI. Julii, prœliminaris, de Liturgia antiqua hispanica. Auctore Joanne Pinio.* C. *VI, n° 221, § 11. n. 226-229.*

groupe de paroisses, comme jour de réunion ou d'*aplech*, à FONT-ROMEU, va nous fournir un nouvel éclaircissement et me permettre de mieux définir l'époque probable de l'Invention.

Tout le monde sait que la TRÈS SAINTE TRINITÉ n'a eu que fort tard sa fête spéciale dans l'Église Romaine. Celle-ci n'avait pas cru, pendant treize siècles et plus, qu'il fût nécessaire ou utile d'instituer une fête en l'honneur d'un mystère qui est célébré sans interruption, durant tout le cycle de l'année liturgique ; et il y avait déjà deux ou trois cents ans que la fête de la *Trinité* était observée, à des jours différents, par un grand nombre d'églises et de monastères, lorsqu'Elle-même la porta sur son calendrier et la fixa officiellement au Dimanche, par l'organe du Pape Jean XXII, qui régna de 1316 à 1334 ([1]).

D'après ces données, j'estime que l'Invention de NOTRE-DAME DE FONT-ROMEU fut opérée entre le pontificat de Jean XXII et l'année 1441, où fut publiée, pour toute l'Église, la fête de *Visitation de la très sainte Vierge*, et dans la partie du quatorzième siècle plutôt que dans le quinzième.

---

1. THOMASSIN, *Traité de la célébration des fêtes*, Liv. II, ch. XVIII.

Cette induction, tirée de la chronologie des fêtes liturgiques choisies pour les jours de pèlerinages, d'*aplechs* et de grandes solennités, à Font-Romeu, se trouve corroborée par ce fait que l'Image de Marie a été découverte par un pasteur qui, selon la tradition, aurait fait le pèlerinage de Saint-Jacques de Compostelle, fréquenté surtout au *quatorzième siècle*, et par les caractères mêmes de la statue, dite de l'Invention ([1]), qui ne serait peut-être qu'une copie perfectionnée de l'Image originale conservée à Odello et la première Vierge supplémentaire de Font-Romeu.

III. — Ces pèlerinages, ces *aplechs*, ces jours de fêtes, qui ont donné sujet à ces inductions, n'allaient pas, à Font-Romeu, sans des chants particuliers en l'honneur de Marie.

L'éloge de la Mère de Dieu a pris toutes les formes. Chaque siècle a eu sa poésie et ses chants distinctifs, sa manière propre de lui exprimer sa piété et son amour.

---

1. Je crois devoir faire observer ici que, dans une ordonnance de l'année 1758, Mgr Catalan y de Ocon, évêque d'Urgel, ayant à parler de cette Madone, s'exprime en ces termes : *En lo altar major de la parroquial ahont esta collocada la imatge de N^{ra} Sta* que diuhen ser la aparicuda... En outre, le type de cette Madone est franchement catalan.

Un éminent professeur de notre école des Chartes, Monsieur Léon Gautier, qui a su allier à une science profonde, à une érudition sans bornes, une religion aussi douce qu'éclairée, n'a pas cru indigne de lui, au milieu des études et des recherches auxquelles il a dû se livrer pour son enseignement et pour ses œuvres monumentales des Épopées françaises et de la Chevalerie, de recueillir ce qui a été dit, écrit ou chanté à la louange de Marie, dans le cours des âges chrétiens. Il a réuni, en un volume intitulé : Prières a la Vierge, qui est un vrai poème, pour les faire connaître et savourer à nos âmes les accents pieux et enflammés qui ont célébré la Vierge Mère de notre Dieu, dans toute la série des siècles, depuis les catacombes jusqu'à nous, comme l'on recueille aujourd'hui et l'on enregistre, par l'étonnant et nouveau procédé que l'on sait, la voix des générations actuelles, pour la conserver et la transmettre aux générations de l'avenir.

Arrivé aux XIVe et XVe siècles, Monsieur Léon Gautier signale, comme trait distinctif de la piété de ces âges envers Marie, la dévotion des *Sept et des Quinze joies de Notre-Dame.*

A ce sentiment, alors très répandu, se rapportent et correspondent, dans les pays de langue catalane, les chants populaires appelés Goigs.

Le mot Goig (du latin *gaudium*) signifie, en langue catalane, *joie, allégresse, plaisir, bonheur*. Le pluriel Goigs désigne plus particulièrement une composition poétique en l'honneur de la très sainte Vierge ou d'un Saint. Mais, à l'origine, ce terme fut exclusivement appliqué aux seules compositions poétiques qui célébraient les *Joies* de Marie. Ces dernières ont été et sont restées les plus nombreuses. La piété de nos pères les avait répandues sous mille formes. Chaque chapelle, chaque image de la Vierge avait ses Goigs, que les fidèles se plaisaient à chanter, les jours de fêtes votives et pendant les neuvaines. Les pèlerins qui visitaient dévotement les sanctuaires de Marie, si nombreux dans nos contrées, ne s'éloignaient pas avant d'avoir salué la Reine du Ciel, du chant de ses Goigs.

Bientôt chaque Saint, titulaire ou patron d'église ou de paroisse eut les siens. La Très Sainte Trinité Elle-même fut célébrée par des Goigs, à *Bellpuig*.

Cependant le nom de Goigs n'a pas toujours

prévalu pour désigner ces sortes de cantiques. Celui de Coblas en Alabansa ou simplement de Coblas lui a été quelquefois préféré. On trouve aussi cette désignation : Goigs en Alabansa, ce qui, au sens littéral, ne vaut pas mieux, en certains cas, que Goigs tout court. Enfin, usant d'une appellation plus rare en ce genre, le R. Pierre Nicolau, docteur en théologie et prieur de *Notre-Dame d'Espira de Conflent,* intitulait les vers qu'il a composés, en son temps (1630), à l'honneur et à la gloire de l'Immaculée Conception de la Mère de Dieu : Octavas en Alabanza de Santa Maria de Espira.

Ce qu'il y a de plus singulier encore, c'est que le nom de Goigs *(gaudium, joie)* ait été donné à des compositions exclusivement consacrées à célébrer les *Douleurs* de Marie, comme sont les Goigs dolorosos de nostra senyora del Roser que se cantan en la Quaresma et les Goigs en Alabansa de nostra Senyora dels Dolors. Mais ces deux cas sont peut-être les seuls qui aient existé.

Il serait bien difficile d'assigner à ces diverses compositions une origine certaine. Si des Coblas ou des Goigs, chantés au moyen âge, ont pu nous parvenir par la tradition orale, ce n'est qu'après avoir été complètement défigurés par des altérations que les modifications du langage et du goût rendaient inévitables. Presque tous les Goigs qui se chantent encore ont été composés ou ont reçu leur dernière transformation, pendant les XVIIe et XVIIIe siècles ([1]).

La nouveauté de ces observations me fera pardonner sans doute de les avoir intercalées dans mon récit, avant d'arriver à dire que Font-Romeu eut naturellement ses Goigs.

A quelle époque faut-il les faire remonter ? Je l'ignore. Je sais seulement qu'en l'année 1658 une somme de *quatre livres* fut affectée à l'impression des *Goigs de Notre-Dame de Font-Romeu*, qui devait être faite à Perpignan. J'estime cependant que, dans leur forme actuelle, ils n'ont pas une origine plus haute.

Ces Goigs, le lecteur pourra s'en convaincre, à la fin du volume, sont d'une grande simplicité. Comme tous les poèmes de ce genre, ils se composent d'une entrée ou d'un bref prologue, de huit strophes rimées de six vers de

---

[1]. Je déclare avec une joie empressée que je dois ces notions précises sur les Goigs à une communication bienveillante de Monsieur le Colonel Puiggari.

sept syllabes et d'un épilogue ou *Tornada*, sous la forme d'une invocation à Marie.

Ils attestent d'abord le culte qui est rendu à la Mère de Dieu, sur la froide montagne de *la Calme*, comprise dans le territoire d'Odello, aux confins du Roussillon et de la Cerdagne ; et, après avoir expliqué le culte particulier rendu à Marie, sur ce sommet neigeux de nos Pyrénées, par le fait providentiel de la révélation de son Image sacrée, qu'il plut à Dieu de découvrir, aux applaudissements enthousiastes des cœurs chrétiens, par l'intermédiaire d'un taureau indompté, dans les abords d'une fontaine, ils célèbrent ensuite les bienfaits qui découlent de cette Image sainte et la vertu éprouvée de la source d'eau qui naît de ses pieds et dont les flots glacials forment un bain salutaire à toute infirmité et à toute douleur. Ils réclament enfin de cette sublime Reine les plus larges faveurs pour tous les peuples de la Cerdagne qui la vénèrent comme leur arche d'alliance, sans oublier les pèlerins isolés, qui viennent, de partout et chaque jour, la visiter et lui rendre leurs pieux devoirs.

L'air et le mouvement donnés à ces paroles indiquent assez qu'elles ne servaient pas seulement à saluer Marie dans son Sanctuaire, mais qu'elles étaient comme un chant de marche, fait pour animer et soutenir l'ardeur des pèlerins et leur faire oublier la longueur et l'âpreté des chemins.

Quoi qu'il en soit, ces Goigs n'ont rien perdu de leur première fraîcheur et ils ne manquent jamais de produire une impression suave et profonde, lorsqu'ils sont chantés, le soir, après le chapelet et la prière ou lorsque les groupes des pèlerins, au moment de quitter Font-Romeu, viennent les redire à la Vierge, comme paroles d'adieu.

Pour épuiser cet ordre d'idées, je dois ajouter que ces *Goigs* contiennent trois indications historiques qui méritent d'être relevées.

Ils nous apprennent qu'à l'époque où ils ont été composés, les peuples de la Cerdagne avaient fait de Font-Romeu, pour le plus grand honneur de Marie, comme le centre d'une véritable fédération chrétienne. Nous en avons vu déjà la preuve dans ces pèlerinages et *aplechs* que les divers groupes de communautés paroissiales venaient y tenir tous les ans, à certains jours déterminés ; et c'est ce fait touchant et glorieux qui est célébré dans la septième strophe :

Als devots d'esta comarca
Que ab gran devocio
Vos veneran com a arca
De Confederatio
Confiam, Reyna exaltada
Que favor los donareu.

Par l'effet de cette entente, FONT-ROMEU a été, pour toute la Cerdagne, le lieu des transactions utiles, et là, comme chez d'autres nations, auprès des tombeaux de saints ou de martyrs illustres, ont pu se tenir les assemblées populaires dans lesquelles se sont traités aussi les intérêts plus élevés de l'ordre religieux.

Ces *Goigs* nous disent encore qu'en dehors des populations de la Cerdagne, des groupes nombreux, des *compagnies* détachées de pèlerins venaient presque tous les jours, dans la belle saison, à FONT-ROMEU. Les anciens livres des archives d'Odello font mention de cette particularité, relatée en ces termes dans la huitième strophe :

Los fidels que quiscun dia
Vos venen a visitar
Supplican, Verge Maria,
Que n'ols vullau olvidar
Y que essent de Deu amada
Per ells vos lo reclameu.

Enfin ces *Goigs* nous ont conservé dans l'invocation de la *Tornada* ou de l'épilogue, l'affirmation de la foi de nos pères à l'Immaculée Conception de Marie

O Verge Immaculada
Vos pregam qu'ens ampareu.

Ce dernier trait a dû être inséré ou ajouté dans la première moitié du XVIIe siècle, en supposant que le reste de la composition soit d'une date antérieure à l'époque où fut si particulièrement célébrée, dans notre pays, cette prérogative singulière de Marie.

CHAPITRE DEUXIÈME.

Le sanctuaire.

I. L'édifice extérieur : Le premier oratoire ; ses agrandissements successifs ; les contreforts (Garrafas) ; le clocher. — II. L'édifice intérieur : Chapelles et retables; L'œuvre de JOSEPH SUNYER, à FONT-ROMEU. — III. LE CAMARIL. — IV. Autels de St-Jean Baptiste et de St-Joseph.

E sanctuaire où les populations alertes et enthousiastes de notre chrétienne Cerdagne venaient par groupes de paroisses, aux jours indiqués, faire retentir ce pieux cantique, fut tout à fait exigu et de proportions bien modestes jusqu'à la fin du XVIIe siècle. Ce ne fut, dès l'origine, qu'une chapelle solitaire, qu'un simple oratoire, bâti sur l'emplacement actuel du CAMARIL. Un escalier extérieur y donnait accès. Cet édicule n'avait qu'un seul autel et se trouvait éclairé par la porte d'entrée, au-dessus de laquelle était encore une ouverture circulaire ou plutôt ovale, pratiquée dans un appareil de pierres taillées de granit. Sa voûte était épaisse et avait à peine quatre ou cinq mètres de hauteur.

Pendant plus de trois siècles peut-être, le

sanctuaire de Marie, à Font-Romeu, n'eut pas de plus vastes dimensions. C'est en plein air que les divers pèlerinages ou groupes de paroisses accomplissaient leurs dévotions. A ces heures, la foi était plus robuste, les mœurs plus simples ; elles réclamaient moins d'apprêts, de bien-être. Mais les cœurs étaient plus épanouis. La joie était plus vive, plus franche, plus abondante. L'on assistait avec une piété profonde à l'action du Saint Sacrifice. L'on écoutait avec recueillement et avidité la parole sainte, qui était toujours annoncée dans ces solennités. L'on récitait le Rosaire avec amour ; l'on chantait les Goigs avec entrain ; on allait boire à la fontaine et se laver dans la piscine et l'on se répandait ensuite, par familles ou par groupes d'amis, sur l'herbe et sous les pins, pour prendre ouvertement et joyeusement le repas.

Le jour vint cependant où l'affluence toujours croissante des pèlerins fit une obligation d'agrandir le sanctuaire. « Le XVIIe siècle « est un de ceux où le triomphe de Marie sur « les âmes a été le plus visible et le plus écla- « tant ([1]). » Cette gloire de la Vierge Mère a eu aussi, d'une manière toute spéciale, ce

---

1. Léon Gautier, *Prières à la Vierge*, p. 370.

magnifique rayonnement à Font-Romeu. Son culte y prit alors un développement merveilleux. Nous savons, par les anciens *Livres de comptes*, que, dès les premières années de ce siècle, l'on avait songé à l'agrandissement de la chapelle et que des fonds étaient réunis pour cet objet.

Ce projet depuis longtemps arrêté reçut sa première exécution, vers l'an 1680 ([1]). Les indications fournies par les vieilles archives et l'examen attentif, minutieux, de l'édifice, me permettent d'affirmer que ce premier travail consista simplement dans le prolongement de l'ancienne chapelle jusqu'à l'arceau qui se trouve aujourd'hui sur la grille de l'entrée du sanctuaire. Néanmoins il est aisé de s'expliquer que l'édifice, même agrandi jusque-là, ait été encore trouvé insuffisant; et, comme les ressources étaient devenues, à cette date, beaucoup plus considérables, il reçut une nouvelle augmentation, qui lui donna, en longueur et en élévation, les proportions que nous voyons maintenant. Ce second travail ne fut terminé qu'en 1685. La tribune et le bénitier furent placés, à cette date. Mais la

---

1. Les travaux d'agrandissement ont été exécutés sous l'abbé *Ribot*, curé d'Odello, de 1678 à 1694.

voûte de la nouvelle nef, les chapelles latérales et la sacristie restaient à faire.

L'année 1686 vit s'accomplir ces divers travaux. L'arceau principal, qui est à l'entrée du sanctuaire, fut d'abord élevé et construit en pierres de taille, tant pour consolider le grand vaisseau que pour permettre d'ouvrir les deux chapelles latérales, dues aux soins généreux de M. OLANDA, ingénieur, résidant à Mont-Louis. Cette même année, le sanctuaire fut complété par l'adjonction de la sacristie.

Bâtie à diverses reprises, sur un sol humide et inégal, sous un climat où la neige, pendant l'hiver, peut s'amonceler en masses pesantes, l'église de FONT-ROMEU n'offrait pas toutes les garanties désirables de solidité. Elle parut, après coup, trop désemparée et l'on jugea nécessaire de la flanquer des lourds et grossiers contreforts qui soutiennent et consolident ses murs. Cette maçonnerie informe et massive, appelée dans le pays *garrafas*, qui figure parmi les dépenses de l'année 1741, ne coûta pas moins de 913 francs, 18 sous, 5 deniers [1].

---

1. La source principale d'informations au sujet de l'Église de FONT-ROMEU est un livre qui a pour titre : IESVS × MARIA, *Joseph*.

PLAN DE L'ÉGLISE de Font Romeu.

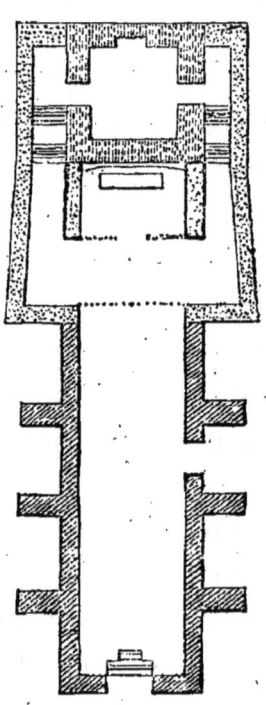

- État primitif.
- 1er agrandissement.
- 2me agrandissement

Echelle de 0m0025 pour 1m. (1/460)

L'église de FONT-ROMEU, qui a été, comme on le voit, le résultat de constructions successives, faites sans plan unique et déterminé d'avance, entre autres défauts, accuse au sol des différences notables de niveau. Elle a deux portes. L'une, sur la façade, ouverte seulement aux jours des grandes solennités, donne accès dans la nef, chose singulière! par un perron intérieur de sept degrés. L'autre, qui sert d'entrée ordinaire et qui a un perron extérieur de quatre degrés, est ouverte au côté droit, sur la place intérieure de l'ermitage, tout le temps que FONT-ROMEU est habitable. Jusqu'à ces dernières années, elle n'était pas fermante, même la nuit.

Llibre de comptes de nostra senyora de Font-Romeu co es per scriurer las rendas de dita capella difinicions de obrers y altres coses se requereix en posar en dits llibres lo qual llibre ha donat lo Reverent Raphel Solallonch pbre y Rtor de Caldegas en Cerdanjia.

1679.

Le RT-RAPHAEL SOLALLONCH, prêtre et curé de Caldégas, en Cerdagne, a été, pendant de longues années, le fondé de pouvoir de l'Abbé de *St-Martin*, pour l'administration des biens que l'Abbaye possédait à Odello et autres lieux de Cerdagne. Il agit déjà en 1665 comme procureur de l'illustre seigneur D. JEAN DE MARGUERIT ET DE BIURE, abbé élu de *St-Martin de Canigou* et de l'illustre frère DOM FRANÇOIS DE MONTPALAU, abbé de *Banyolas*, au diocèse de Gérone, nommé sequestre royal de la dite Abbaye de *St-Martin*. Il exerce les mêmes fonctions, en 1681, muni des pleins pouvoirs et de la délégation de l'illustre frère DOM JOSEPH DE VILADOT, abbé de *St-Michel de Cuxia* (sic), à son tour sequestre royal de l'Abbaye de *St-Martin de Canigou*.

L'église a, dans œuvre, de la grande porte à l'autel majeur, le Camaril non compris, environ vingt-trois mètres cinquante centimètres de longueur, sur cinq mètres de largeur.

Le clocher, dont il est fait mention, une seule fois, dans les *Livres de comptes* de Font-Romeu, à la date de 1739, n'a pas de caractère qui mérite d'être relevé. C'est une petite tour carrée, terminée par une toiture en pente, au-dessous de laquelle sont suspendues deux cloches de différentes grandeurs. La plus petite a pour légende ces paroles : Joseph y Maria de Font-Romeu. Josephus Guiter menor me fecit 1704.

La légende de la plus grande, sans être inextricable, est d'une lecture assez difficile. Aucune règle n'a été suivie dans la juxtaposition ou la superposition des fragments qui la composent. L'on dirait des caractères jetés au hasard. Il faut lire : FECIT ME B. PALLANS. AUG. ◊ BOSOMBES RECTORE ◊ OPPI ◊ S. MART. ◊ DE ODELLO AC HERE ◊ B ◊ M ◊ DE ◊ FONT-ROMEU ◊. FUERUNT PATRINI STEPH ◊ TORRENT ET THERESA

BOSOMBES. MISERUNT MIHI NOMEN THERES. MDCCXXXVII ([1]).

II — Comme à l'extérieur, l'édifice subit à l'intérieur des transformations successives. Jusqu'aux années 1685 et 1686, où furent construites les deux chapelles latérales, il n'y eut dans l'église qu'un seul autel. Le P. Camos fait mention dans son *Jardin de Marie* du premier retable de Font-Romeu. Il l'avait vu de ses yeux. Sur ses panneaux en bois peints, était représentée l'Invention de la Madone, dans tous ses détails, avec le taureau, le pasteur et la première procession qui vint d'Odello pour prendre la sainte Image. Vers 1650, sa grande vétusté et ses dégradations l'avaient déjà fait retirer de l'autel et placer contre la muraille du côté de l'Évangile et un retable nouveau lui avait été substitué.

Ce second retable, qui a été parfaitement

---

1. B. Pallans m'a faite, Augustin Bosombes étant curé du village de Saint-Martin d'Odello et administrateur de l'héritage de la B. M. de Font-Romeu. Furent parrains, Etienne Torrent et Thérèse Bosombes. Ils m'ont donné le nom de Thérèse 1737. — M. *A. Bosombes* a été curé d'Odello de 1721 à 1759. — Il y avait eu à Font-Romeu deux autres cloches plus anciennes qui ont été sans doute fondues et remplacées par celle-ci.
(*V. Llibre de Comptes* A. année 1664).

conservé et dont les dimensions peuvent servir à déterminer approximativement l'élévation de l'oratoire primitif, se trouve aujourd'hui au bras gauche de la petite nef transversale et surmonte l'autel dédié à saint Jean-Baptiste.

Il doit être du seizième siècle ou tout au plus des premières années du dix-septième. Il a la forme d'un triptyque à volets fixes et se compose de trois compartiments séparés par des colonnettes. Au centre se trouve une niche, ornée à l'intérieur d'une conque rayonnante destinée à servir de gloire au chef de la Madone. Les deux compartiments latéraux ont chacun deux panneaux peints et superposés, séparés l'un de l'autre par une bande dorée qui forme cadre.

Du côté de l'Évangile, le panneau supérieur a pour sujet l'*Immaculée Conception*, telle qu'elle est figurée dans l'Apocalypse par la femme qui écrase le dragon sous ses pieds. Elle est entourée d'emblèmes qui signifient sa préservation de la tache originelle. Sa tête porte une couronne royale. Elle est en même temps nimbée.

Le panneau inférieur représente le mystère de *la Nativité de N.-S. Jésus-Christ* et l'A-

doration des bergers. Saint Joseph, les yeux baissés, recueilli et retiré au coin du tableau, contemple le mystère. Marie, à genoux, calme, modeste, souriante, paraît ne point oser encore regarder l'Enfant qu'Elle vient de mettre au jour. Elle offre de sa main droite des langes à Jésus, qui semble les réclamer pour couvrir sa nudité et se protéger contre les rigueurs de la saison. Un pâtre, d'âge mûr, est à genoux, les mains jointes, dans l'attitude de l'étonnement et de l'admiration. Un berger plus jeune, le visage épanoui, vient après lui, soulevant d'une main son chapeau et tenant de l'autre un agnelet. Dans le fond, on voit un groupe de pasteurs ébahis par la grande lumière qui éclate au ciel.

Les deux panneaux du côté de l'Épître reproduisent la *Visitation de Marie à sa cousine sainte Élisabeth* et l'*Adoration des Mages*. Le couronnement du retable, auquel sans doute on voulut faire suivre les courbes de la voûte, affecte la forme d'un triangle à large base tronqué ou d'un trapèze. Sur les deux pentes sont la *Vierge Marie à genoux* et l'*Ange de l'Annonciation* qui se font face et qui se trouvent séparés par le sujet du milieu représentant le mystère de *Jésus en Croix*.

Ces peintures, qui ne sont pas des œuvres d'art, sont traitées cependant avec un grand sentiment et une piété naïve qui plaît.

Ce second retable, adapté aux proportions exiguës de l'oratoire primitif ne pouvait naturellement convenir à l'église nouvellement agrandie et l'on se préoccupa bientôt de lui substituer à son tour un retable qui fût plus en harmonie avec les dimensions et l'importance du sanctuaire.

Pour donner à cette œuvre toute la perfection possible, les administrateurs de FONT-ROMEU s'adressèrent à un artiste qui était fort en vue à cette époque dans notre pays et qui s'est acquis une certaine célébrité, par les grands travaux qu'il a exécutés pour les églises de la *Réal* de *Perpignan*, de *Collioure*, de *Thuir*, de *Vinça*, de *Prades*, etc.

Ce fut sur JOSEPH SUNYER, sculpteur, que se fixa leur choix.

Au risque d'interrompre mon récit, je dois relever ici les nombreuses erreurs et inexactitudes commises, au sujet de l'auteur du retable de FONT-ROMEU.

BOHER, peintre et statuaire, dans son *Discours sur l'architecture roussillonnaise*, com-

posé en 1810 et publié en 1821, l'appelle
Sonier et le fait naître et mourir à Manrésa,
en Espagne ([1]).

M. J. Tolra de Bordas, dans sa *Notice historique et topographique*, déjà citée, attribue notre retable à Pierre Sunyer (ou Suñer), à qui la ville de Prades, dit-il, doit être fière d'avoir donné le jour, et qui est mort et fut inhumé à Font-Romeu, à la date du 29 septembre 1704 ([2]).

Louis Just, dans ses *Ermitages du diocèse de Perpignan*, écrit simplement Suñer, d'après une épigraphe qu'il a mal lue et mal reproduite ([3]), quoiqu'il ait eu sous les yeux l'orthographe régulière de ce nom. Il suppose aussi que Suñer est natif de Manrésa ([4]).

M. Pierre Vidal, bibliothécaire de la ville de Perpignan, dans son *Guide des Pyrénées Orientales*, trop confiant en ses devanciers, affirme, sans ombre d'hésitation, que l'artiste

---

1. P. 77 de ce discours.
2. P. 53 de cette *notice*.
3. Voici le texte véritable de l'épigraphe :
   SEPVLTVRA. D. PERE
   SVNE FILL D. YOSEPH
   SVÑER. ESCVLPTOR
   ABĀN. EN PRADA
   MORI A 29 DE 7^{bra} 1704.
4. P. 155 et 156 des *Ermitages*.

qui a fait les sculptures de FONT-ROMEU est PIERRE SUNYER, de Prades, mort le 29 septembre 1704, comme le témoigne la pierre tumulaire placée en face de la porte latérale de la chapelle (¹).

Or ce n'est ni SONIER, ni SUÑER, ni PIERRE SUNYER qu'il faut d'abord appeler l'auteur du retable de FONT-ROMEU ; mais bien certainement JOSEPH SUNYER. Le doute n'est pas possible sur cette question. Nous avons la signature authentique de l'auteur du retable dans la quittance qu'il a souscrite de sa propre main au curé de FONT-ROMEU et par laquelle il reconnaît avoir reçu, comme dernier paiement du travail qu'il a consacré au retable, la somme de 99 doubles (²) (environ, 790^f).

Ce document est signé : JOSEPH SUNYER, ESCULTOR. Il faudrait d'ailleurs toujours donner cette orthographe à son nom, par la raison péremptoire que SUNYER était catalan, qu'il fût

---

1. P. 415 *du Guide.*
2. *Dich jo lo bax firmat que tinch rebut del S^r rector y aministrador de nostra seniora de Font-Romeu la suma de noranta doblas netas i dita suma es per aver los trebalat lo retaula maior de nostra seniora de Font-Romeu i per ser lo ver que so pagat y satisfet de ditas (sic) suma de noranta doblas fas la prasen de ma propia i feta en prasencia de Joseph Coll y de Pera Navalls fadri tots del lloch de Eudelo fet fai als 20 de juni de 1707.* — JOSEPH SUNYER *escultor* (LLIBRE DE COMPTES B. fol. 224. V^{so}).

né à Manrésa ou ailleurs. Or la langue catalane ne souffre pas qu'on écrive Suñer (¹).

L'acte que je viens de citer ne permet pas davantage d'attribuer le retable de Font-Romeu à Pierre Sunyer. Il y est formellement déclaré que ce travail est dû à Joseph Sunyer, qui l'a terminé seulement au mois de juin 1707, trois ans après la mort de Pierre Sunyer, son fils, décédé dans le jeune âge, sans doute au début de cette entreprise. L'on ne peut raisonnablement attribuer une œuvre, finie dans l'année 1707, à un artiste, si tant est qu'il pût l'être, dont la sépulture a eu lieu le 29 7bre de l'année 1704.

Il me resterait à préciser le lieu d'origine de Joseph Sunyer. Était-il de Prades (²), comme

---

1. Tout en maintenant à ce nom l'orthographe régulière et véritablement catalane de Sunyer, je dois ajouter que, dans les registres des paroisses du XVIIe siècle, il se trouve écrit de diverses manières. J'ai relevé les variantes : *Sonÿer, Sonÿe, Sunÿer, Sunier* et même *Suner*. L'orthographe *Sunyer* est le plus fréquemment usitée. Je l'ai trouvée déjà au *Livre des Provisions* des Archives de la Mairie de Perpignan, dans un acte daté de 1454.

2. Il y a eu à Prades une famille très ancienne qui a porté le nom de Sunyer. Tel de ses membres a rempli une charge publique dans cette ville, dès le milieu du quatorzième siècle. Par une curieuse coïncidence, le notaire qui a passé l'acte conclu entre les consuls de cette cité et Joseph Sunyer, sculpteur, pour l'exécution du retable du maître-autel de l'église Saint-Pierre, s'appelait, comme l'artiste, Joseph Sunyer; c'est le notaire et non l'artiste, comme l'a cru *M. Ernest Délamon*, qui était *citoyen honoré de Barcelone*. V. *Archives Départementales*. Série C. 1974.

le veut M. J. Tolra de Bordas ? Était-il de Manrésa, comme le suppose L. Just ? Les documents qu'ils invoquent n'autorisent pas leurs sentiments.

Le texte de l'épigraphe dont se prévaut M. J. Tolra et la déclaration du *Llibre de comptes*, cité par L. Just, disent seulement que Joseph Sunyer a tour à tour habité *Prades* et *Manrésa* (1). Peut-on conclure de là qu'il y soit né ? Il faudrait alors admettre, en toute rigueur, que Joseph Sunyer a eu, de par la nature, le privilège d'une double naissance.

Boher a affirmé, de son côté, que Joseph Sunyer est né et mort à Manrésa, en Espagne, ajoutant, avec l'enflure de style qui lui était habituelle, que les *lieux* (sic) de sa naissance lui étaient *trop* connus. Cet artiste-écrivain, quelque peu et même trop philosophe, devait être partisan de la métempsychose. Il s'est dispensé d'ailleurs de donner la preuve de son affirmation.

Je serais plutôt porté à croire, jusqu'à plus sûre information, que Joseph Sunyer, qui a habité *Prades*, en 1704, *Manrésa*, en 1718, a pu cependant naître à Perpignan. Il se trouve en effet parmi les sculpteurs, au nombre de

---

1. ABĀN. EN PRADA. — *Abitant en Manrésa*.

six, qui faisaient partie de la confrérie de Saint-Luc, établie en 1698, dans cette dernière ville (1).

Mais, quel qu'ait été son lieu d'origine, c'est toujours JOSEPH SUNYER qui a été l'auteur du retable de l'autel majeur de FONT-ROMEU.

L'artiste a donné à cette œuvre la forme des triptyques. Les volets latéraux, quoique fixes, affectent une légère inflexion, qui leur fait produire, avec le compartiment central, un angle obtus. Le retable entier se compose d'un soubassement dissimulé en partie par l'autel, de deux ordres superposés et surmontés l'un et l'autre d'un assemblage de moulures en corniche, ou si l'on veut, d'un entablement très riche et d'un couronnement presque trian-

---

1. Les statuts de cette confrérie nouvellement établie furent approuvés par les consuls de la ville de Perpignan, le 23 octobre 1698. Les familles du nom de *Sunyer* étaient assez nombreuses à Perpignan. En 1454, un *Michel Sunyer* remplit les fonctions de Consul en cette ville. En 1624, *Jean Sunyer*, pareur ou drapier, originaire de Llivia, contracte mariage avec *Grace Garriga, donzella*, et établit sa résidence sur la paroisse Saint-Matthieu. En 1637, *Raymond Sunyer* est curé de Saint-Jean. *Honoré Sunyer*, déjà notaire public en 1635, devient le père d'une nombreuse famille. En 1643, il est fait mention d'un *Jérôme Sunyer*, également notaire. Il est probable que notre sculpteur *Joseph Sunyer* est issu de cette famille. — En 1691, une enfant d'un *Robert Sunyer*, qui reçut, au baptême, les prénoms de *Louise* et *Françoise*, avait pour parrain, Mgr LOUIS HABERT DE MONTMORT, *évêque de Perpignan* et pour marraine, *Mademoiselle Françoise-Gilberte de Monestay de Chaseron*. ARCHIVES DE LA MAIRIE DE PERPIGNAN : *Registres des paroisses, passim*.

gulaire, dont les lignes sont cachées ou brisées par des statues ou autres ornements de sculpture qui les dominent.

—Au-dessus du soubassement, qui a, dans sa partie haute, les trois panneaux de la légende déjà décrits, s'ouvre, au centre, la niche de la Madone, sur laquelle ressort un baldaquin où l'artiste a mis à profusion ses décorations. Dans le même ordre, chaque compartiment latéral présente un tableau en relief, qui a pour sujet, du côté de l'Évangile, la *Nativité de Notre-Seigneur et l'Adoration des Bergers*, et, du côté de l'Épître, *l'Adoration des Mages*. Dans l'intervalle des colonnes doubles et vitinéennes (1) qui s'élèvent de chaque côté de ces tableaux, se dressent, à gauche, la statue de la *Foi*, à droite, la statue de l'*Espérance* et, au centre, deux anges vêtus à la manière des guerriers antiques et tournés vers l'Image de Marie.

La même disposition a été observée dans

---

1. On fait dériver cette dénomination du mot latin *Vitis, Vigne* ou du mot italien *vite, spirale*. La première de ces étymologies s'accorde avec les ornements de ces colonnes, la seconde, avec leur forme (GERBET). — Les colonnes de JOSEPH SUNYER méritent cette dénomination dans la double acception du mot. Elles ont, presque dans toutes ses œuvres, la forme de la spirale, dans les plis de laquelle s'enlacent des vignes que becquètent quelquefois des oiseaux ou sur lesquelles se jouent de petits anges.

le second ordre. Au-dessus du baldaquin de la Vierge se trouve la statue de saint Martin, titulaire et patron de la paroisse d'Odello. Les tableaux en relief reproduisent, à gauche, *l'Annonciation*, et, à droite, *la Visitation de la sainte Vierge*. Dans l'intervalle des colonnes, sont les statues des quatre grands docteurs de l'Église latine. Le sommet du couronnement est occupé par l'image du Père éternel ou Dieu Créateur, qui se penche vers la terre, et chacun de ses angles, par une statue de vierge.

Ce retable, où le moindre espace a sa moulure ou sa décoration, est richement et totalement doré. Les statues et les tableaux en relief sont polychromés.

III. — L'œuvre de Joseph Sunyer ne se borna pas, pour Font-Romeu, au beau travail du retable. Sous son inspiration même, sans doute, un nouveau projet d'embellissement fut mis à l'étude et ne tarda pas à être exécuté.

Il s'agissait de donner à l'oratoire primitif, à l'emplacement sur lequel il avait plu jadis à Marie de révéler son Image, un caractère plus sacré, de le préserver, comme un lieu plus saint, de tout tumulte ; de déployer pour sa décoration une grande magnificence ; de marquer enfin, par une disposition toute nouvelle et singulière, la vénération profonde et religieuse qui lui était due.

Il fallait faire entendre au peuple que ce lieu était rempli d'une présence plus particulière et plus sensible de la Mère de Dieu; qu'il ne devait point y porter ses pas avec des pensées et des sentiments profanes; qu'il devait plutôt s'en dépouiller avant d'y pénétrer, comme Moïse, aux anciens jours, dans la solitude du mont Horeb, fut obligé de quitter sa chaussure, avant d'être admis à contempler de près le buisson ardent et à jouir de la présence de Dieu.

Ce lieu devait être regardé comme la demeure intime de Marie, réservée aux faveurs de choix, où l'on ne devrait s'introduire, en quelque manière, que sur un signe de sa volonté.

Appelée CAMARIL pour ce motif, cette enceinte, qui serait aussi précédée de son *parvis* et de son *sanctuaire*, devait être, à FONT-ROMEU, ce que fut, au temple de Salomon, *le Saint des Saints*; et le pèlerin ne devrait y entrer qu'enveloppé d'un nuage de parfums, je veux dire, l'âme dégagée des souvenirs de la terre et toute remplie des émanations pénétrantes de la parfaite prière.

Telle est, à coup sûr, l'idée dominante du plan qui fut adopté. L'oratoire primitif fut d'abord fermé et isolé du reste de l'édifice par le retable de l'autel majeur ; et l'on songea à donner accès dans son intérieur par les deux escaliers qui viennent s'ouvrir, de part et d'autre, presque à niveau du sanctuaire, sur les deux bras de la petite nef transversale.

Ce dernier travail ne fut commencé qu'en 1712, cinq années après l'achèvement du retable. Il fut continué les années suivantes, et, dès que la maçonnerie brute fut terminée, JOSEPH SUNYER vint de Manrésa, où il avait séjourné pour quelque entreprise de son art, et il s'engagea, par un acte passé à Odello, le 22 juillet 1718, à faire les travaux intérieurs et les sculptures du CAMARIL pour la somme de 85 doubles (environ 750 francs) à la condition que tout le bois nécessaire lui serait gratuitement fourni par l'Administration de FONT-ROMEU.

Le CAMARIL, dont la composition et les sculptures que je vais d'abord décrire, sont l'œuvre authentique de JOSEPH SUNYER, est une *petite chambre* carrée, de quatre mètres de côté. Elle a pour plafond une demi-sphère surmontée, au centre, d'une lanterne octogone et aveugle.

Deux escaliers y donnent accès par deux portes parallèles. Sur l'un des deux autres côtés, se trouve pratiquée une niche de forme absidale, dans laquelle se dresse un autel dédié au *Christ en croix*, ayant au pied et debout la Vierge-Mère et saint Jean l'Évangéliste. Il fait face à la niche centrale du retable, ouverte intérieurement aussi sur le Camaril. Aux angles, sur des socles fixés au parquet, sont campés quatre anges de grandeur presque naturelle, qui jouent de divers instruments.

A hauteur de leurs têtes, sont appliquées au mur de grandes conques dorées, qui tiennent lieu du nimbe et du pinacle affectés aux statues des saints ([1]). Au-dessus des deux portes d'entrée, sont, à l'intérieur, deux riches médaillons, soutenus chacun par deux anges, qui, sans appui apparent, semblent se jouer et se balancer dans l'espace. Ces médaillons reproduisent en relief, l'un, *la Présentation de Marie au Temple*, l'autre, un épisode de *la Fuite en Égypte*, et non, comme on l'a dit, *la Naissance de Jésus-Christ*. Ce dernier nous montre dans le ciel

---

[1]. Deux conques semblables sont représentées, dans le diptyque que saint Grégoire le Grand envoya à Théodelinde, reine des Lombards, au-dessus de la tête des deux consuls transformés en *David* et en *saint Grégoire*. V. MARTIGNY, *Dictionnaire des antiquités chrétiennes*, p. 255.

un soleil brillant ; le bœuf et l'âne placés par un capricieux anachronisme entre des arbres verdoyants; un ange occupé à cueillir des fruits; sur le premier plan, à gauche, Marie assise, qui reçoit les caresses de Jésus, et, à droite, saint Joseph puisant de l'eau à une fontaine qui jaillit d'un rocher et se retournant ravi vers l'Enfant et la Mère, pour jouir de leurs jeux attendrissants. Cette scène est pleine de charme, autant par ses détails que par la manière dont elle est traitée.

Au-dessus de l'autel du Christ, deux anges soutiennent de leurs mains un cartouche qui porte les très saints Cœurs de Jésus et de Marie. En face et sur la porte à deux battants qui permettait de pénétrer dans la niche centrale du retable, pour placer ou retirer la Madone de l'Invention, d'un médaillon également soutenu par deux anges, se détache en plein relief une petite et très belle statue qui représente plutôt l'*Immaculée Conception* que l'*Assomption* de Marie. — Tous ces sujets ont été richement et délicatement peints sur fond d'or, selon les procédés de l'ancienne polychromie.

Ces compositions du Camaril forment, à proprement parler et d'une manière certaine, avec le retable de l'autel-majeur, l'Œuvre de Joseph Sunyer, à Font-Romeu.

Quelle valeur convient-il de lui attribuer ?

Un artiste auquel notre pays s'honore d'avoir donné le jour, malgré l'inégale valeur de ses œuvres, Boher, poète, statuaire, peintre de l'école de David, a formulé son jugement sur Joseph Sunyer, dans son *Discours sur l'architecture roussillonnaise*.

« La richesse, le feu, l'imagination, tout fut
« épuisé, dit-il, dans les autels sortis du brû-
« lant ciseau de Sonier *(sic)*...... Sonier fut à
« la fois dans le Roussillon, l'âme, la mer-
« veille et le fléau de l'art !...... Quel mal-
« heur que trop d'imagination ait emporté cet
« artiste si loin du goût de l'antiquité et que
« son génie se soit trompé en prenant pour
« beau ce qui n'était que richesse et confu-
« sion ! Vit-on jamais des ouvrages frappés
« avec plus de force, d'âme et de mouvement
« que ceux qui parurent alors dans cette con-
« trée ? Mais aussi vit-on dans aucune époque,
« moins de sagesse, d'harmonie, de simplicité
« et de cette élévation dont l'architecture
« reçoit le plus grand prix ? Tels sont les
« traits qui manquent et ceux qui se font

« remarquer sur tous les autels du siècle de
« Louis le Grand, existans encore aujourd'hui
« dans les églises de Collioure, de Vinça,
« de Prades, de Font-Romeu. »

Le même auteur ajoute en note, parlant toujours de Sunyer : « Anciennement je le
« disais homme de génie, parce que je croyais
« ses ouvrages originaux. Depuis j'en ai
« trouvé les modèles dans les gravures de
« Lepotre, comme on peut s'en convaincre.
« Un bas-relief qui faisait partie de l'autel de
« Thuir, et dont on parlait avec éloge, est une
« faible et bien incorrecte copie de l'une des
« batailles d'Alexandre par Le Brun ([1]). »

Dans l'ensemble, ce jugement, qui veut être sévère et qui tend à diminuer le mérite de Sunyer, est loin de lui ravir toute gloire. L'on peut convenir que Sunyer a été moins académique et moins épris de l'antique païen que Boher ; mais il a été plus original et plus fécond que son émule. Le plan architectural des autels de Sunyer serait plus parfait, s'il était plus simple et moins chargé d'ornements ; mais chacun des détails pris à part, révèle une grande habileté. L'imagination de Sunyer est chaude et luxuriante ; son ciseau a de

---

1. Boher, p. 77.

la fougue et se laisse emporter quelquefois dans un mouvement exagéré ; mais il garde toujours la correction du dessin et l'harmonie des proportions.

L'on voit que Sunyer a traité l'œuvre de Font-Romeu avec amour et enthousiasme et l'on peut dire que c'est une des productions qui lui font le plus d'honneur.

Joseph Sunyer a-t-il longtemps survécu à cette œuvre ? Il est permis d'en douter.

A partir de cette époque et quoique les travaux de sculpture projetés pour le Camaril ne fussent pas absolument terminés, il n'est plus fait mention de lui dans le *Livre de comptes de Font-Romeu.*

Le *Christ en croix* du Camaril peut encore lui être attribué ; mais *la Vierge* et le *Disciple Bien-aimé*, qui sont à ses côtés, accusent une autre main. Ces deux dernières statues n'ont été placées qu'en 1729, lorsque commencèrent d'être exécutées, sous la direction de Félix Escriba, les peintures et les dorures du Camaril. Les comptes de ce dernier travail ne furent clos qu'en 1734 [1].

---

1. Les sommes attribuées, dans le *Livre des Comptes B.* à Félix Escriba, de 1730 à 1734, pour les travaux de dorure et de peinture exécutés à Font-Romeu, dépassent *seize cents francs*. Félix

Je n'ai rien à dire, hélas ! des peintures et des fresques dues au pinceau de Escriba. Une soi-disant restauration du Camaril, que l'on ne saurait trop regretter, les a fait disparaître, il y a déjà quelque vingt ans.

IV. — Pour terminer l'œuvre intérieure du sanctuaire, il ne restait plus qu'à mettre la dernière main aux deux petites chapelles de la nef transversale, dédiées, l'une, à S. Jean-Baptiste, et l'autre, à S. Joseph.

Personne sans doute ne trouvera étrange que ces deux Saints, à l'exclusion de tous autres, aient eu leurs autels spéciaux, à Font-Romeu. Tout le monde sait les relations intimes qui les avaient unis, pendant leur vie mortelle, à Notre-Seigneur Jésus-Christ et à sa très sainte Mère. Mais je puis encore signaler quelques raisons plus particulières de leur culte à Font-Romeu.

Sans parler de la joie que la *Nativité de S. Jean-Baptiste* a de tout temps fait éclater au sein du peuple chrétien, la fête du divin Pré-

---

Escriba était né à Perpignan, sur la paroisse St-Matthieu, en 1681. Au nombre des *cinq doreurs* qui faisaient partie de la confrérie de St-Luc, établie à Perpignan, en 1698, se trouve son père Jean Escriba, dont une fille, du nom de *Josèphe*, fut mariée à M. Terrats, juge à la viguerie de Roussillon et de Vallespir.

curseur était célébrée à une date très rapprochée de l'Invention de Notre Madone, et servait en quelque sorte d'anniversaire à cet événement providentiel. L'allégresse que cette Invention fit naître se trouva mêlée aux réjouissances populaires de la St-Jean. C'étaient deux fêtes réunies dans une seule fête.

Pour s'expliquer encore le culte de S. JEAN-BAPTISTE à FONT-ROMEU, il ne faut pas oublier que la liturgie gothique ou mozarabe avait fait pénétrer, dans le cœur des fidèles de l'ancienne Cerdagne, une dévotion profonde pour le saint Précurseur, dont il était fait mémoire, dans ce rite, aux premiers temps, à l'exclusion de tout autre saint et même de la sainte Vierge (1).

Pour tous ces motifs, la chapelle du bras gauche de la nef transversale lui fut consacrée ; le retable du XVIe siècle fut adapté à son autel et sa statue prit la place qu'avait occupée, pendant de longues années, l'Image même de Marie.

Un dernier travail exécuté en 1750 mit cette chapelle, bâtie, comme l'on sait, en 1686, à peu près dans l'état où nous la voyons aujourd'hui. Elle n'a plus subi depuis de modi-

---

1. P. PINIUS, *Acta sanctorum*. t. *VI*, m. *Julii*.

fications essentielles. L'on s'est borné, dans ces dernières années, à rendre aux dorures du retable leur éclat primitif.

En face de l'autel de S. Jean-Baptiste, dans la chapelle qui forme le bras droit de la nef transversale, l'on érigea un autel à S. Joseph, comme si l'on eût voulu établir, entre le divin Précurseur et l'Époux de Marie, une sorte d'égalité. A cette époque, la Chaire apostolique faisait examiner et traiter à fond la question de savoir quelle place il fallait attribuer à S. Joseph dans les invocations liturgiques et dans le culte officiel et public de l'Église. Le Pape Benoît XIII conformément aux savantes considérations et aux conclusions triomphantes, tirées du droit canonique et de la théologie, par le promoteur de la foi, *Prosper Lambertini*, qui ne devait pas tarder à être Benoît XIV, ordonnait que le nom de S. Joseph fût inséré, après le nom de S. Jean-Baptiste, dans les Litanies des saints et qu'elles fussent désormais récitées, avec cette addition, par tous les fidèles (1).

L'adjonction de la chapelle et de l'autel de St-Joseph au sanctuaire de Font-Romeu a pu correspondre à cette nouvelle disposition et

---

1. Mgr Pie, *Œuvres*, t. VII, p. 124-127.

satisfaire du même coup la dévotion très populaire envers l'humble Patriarche, qui avait fait déjà qu'à cette époque son image se trouvait dans presque toutes nos églises. Un mouvement irrésistible poussait, à cette heure, les âmes pieuses à glorifier l'Époux de la Vierge Marie. Son culte, selon les paroles de la prophétie de Jacob, s'étendait de toutes parts, *comme une vigne puissante et vigoureuse destinée à couvrir de ses rameaux féconds toute la surface de la terre* (1). Déjà l'on voyait grandir cette gloire terrestre de Joseph, qui devait atteindre de nos jours son apogée. Clément XI, Benoît XIII, Benoît XIV posaient, dans la première partie du XVIIIe siècle les préliminaires de l'acte solennel qui devait être consommé, dans la seconde partie du XIXe, par l'immortel Pie IX.

Ayant relevé dans l'histoire cette frappante coïncidence et sans chercher à amoindrir la piété de nos pères pour S. Joseph, je pourrais hasarder peut-être une observation qui n'a pas la même importance, mais qui servirait sans doute encore à expliquer l'existence, à Font-Romeu, d'une chapelle dédiée à l'Époux de Marie.

---

1. V. le texte original de *filius accrescens Joseph.*

L'auteur du retable et du CAMARIL, JOSEPH SUNYER, n'a-t-il pas inspiré l'idée d'ériger un autel en l'honneur de son Patron ? N'a-t-il pas voulu laisser dans ce sanctuaire, où il avait déployé toutes les ressources de son art, un monument de sa piété envers son Protecteur ? Dans tous les cas, je suis porté à croire que la statue de S. JOSEPH a été traitée selon sa manière et probablement de sa propre main. Le retable, qui n'a été doré qu'en 1767, au prix de *deux cents livres*, est le travail d'un ciseau moins expérimenté.

Je dois ajouter, en finissant ce chapitre, qu'à l'autel de S. JOSEPH se rattache le souvenir d'un fait que je ne crois pas devoir passer sous silence.

C'était le 24 juin 1738, à l'occasion de la fête même de S. JEAN-BAPTISTE et du concours de fidèles qu'elle entraînait à FONT-ROMEU. Des soldats ou plutôt des officiers du régiment de *Cambrésis*, qui tenait garnison à Mont-Louis, commirent sur la personne d'un habitant de *Targasona*, nommé *Joseph Capdeville*, un excès suivi de mort. Des réclamations furent faites à qui de droit, et, par ordre de Sa Majesté le Roi de France, le Colonel de ce régiment fut obligé à donner la somme de

30 francs, pour fonder un service anniversaire, qui devait être célébré à perpétuité, dans la chapelle de St-Joseph, pour le repos de l'âme de la victime. L'honoraire était d'abord de 20 sous français et de 10 sous pour l'assistant. En 1750, l'honoraire avait été élevé à 3 francs ([1]).

---

[1]. Archives Paroissiales d'Odello. *Llibre de comptes B*. Archives Départementales. Série C, 2046.

CHAPITRE TROISIÈME.

Fons Salutis Maria.

I. — La Source et la Piscine — II. Guérisons obtenues — III. Les Ex-voto — IV. Le Calvaire.

L y a, dans l'église de Notre-Dame de Font-Romeu, une singularité plus remarquable que toutes les décorations de la sculpture et de la peinture, plus digne de fixer notre attention et d'occuper notre piété. Cette œuvre, qui n'a pas été faite de main d'homme, est la Fontaine même, auprès de laquelle a été trouvée l'Image de Marie.

Ce n'est point que je veuille attribuer à cette source des caractères extraordinaires et une origine miraculeuse, que sans doute elle n'a pas eus. Il n'y a, par exemple, ni comparaison ni rapprochement à établir, entre la source de Font-Romeu et la *Fontaine de Lourdes*, qui n'existait pas avant les apparitions de la Vierge Immaculée à Bernadette et qui, sur l'ordre de la Souveraine de l'univers, venue de profondeurs mystérieuses et du sein même du rocher, a commencé de

La fontaine extérieure.

jaillir, sous les doigts de l'humble Enfant, pour ne plus discontinuer. Nous ne sommes pas ici en présence d'une création nouvelle. Réduits aux seules indications de la légende et de la tradition populaire, nous devons convenir que le jaillissement de la *Fontaine du Pèlerin* est antérieur à l'Invention de notre Madone, et que les eaux, dès l'origine, ont découlé, comme elles découlent encore, par des voies naturelles, des réservoirs cachés de la montagne.

Mais il est vrai d'autre part que la foi du peuple chrétien ne trouva pas seulement dans cette source une figure de Marie, qui a été appelée, à juste titre, par application des textes de nos Saints Livres, *la Source de la grâce*[1]. Elle reconnut, dans cette Fontaine, le signe, l'instrument, le canal des faveurs que la miséricordieuse tendresse de la Reine du Ciel avait dessein de répandre en ce lieu. Cette source fut regardée, du premier coup, comme une chose bénie, pleine de vertu, inséparable de l'Image de Notre-Dame et, comme elle, digne de confiance et de respect.

Pour qu'elle fût protégée contre toute profanation, la chapelle fut bâtie et l'autel érigé

---

1. CAMOS, *Jardin de Marie*, 209.

au-dessus d'elle-même, de telle sorte qu'elle jaillissait à l'intérieur et jaillit encore des pieds de Marie, *de sub cujus pede fons vivus emanat* (1), comme autrefois, à la prière de l'illustre Pape et Martyr, S. Clément, l'on vit, au sommet de la colline, découler des eaux vives, du pied de l'Agneau. Par l'effet de ce soin jaloux, se sont accomplis, à FONT-ROMEU, ces paroles de l'Écriture : *Une source sortira de la maison du Seigneur et elle arrosera le torrent des épines* (2) et ce passage de la prophétie d'Ézéchiel, que le peuple chrétien chante, au temps de Pâques : *J'ai vu une eau qui sortait du côté droit du temple, et tous ceux à qui elle arrivait recevaient le salut* (3).

Guidés par un sentiment qui ne pouvait les tromper, nos pieux ancêtres ne virent donc pas, dans cette eau jaillissante, une source commune, seulement destinée à entretenir, dans cette portion privilégiée du *Jardin de Marie*, la fraîcheur, la verdure et les fleurs, à réjouir les yeux et à éteindre la soif du pèlerin fatigué de sa course. Ils eurent la pleine persuasion, la conviction inébranlable que cette eau,

---

1. *Office de S. Clément.*
2. *Fons de Domo Domini egredietur et irrigabit torrentem spinarum.* JOEL. III, 8.
3. EZÉCHIEL. XLVII, 1, 2. Antienne de l'Aspersion.

d'ailleurs si agréable et si pure, avait reçu, par la disposition de Dieu, de la présence et du contact de l'Image de Marie, une vertu particulière ; qu'elle jaillissait et coulait pour le soulagement et la guérison des infirmes (1) ; et ils ne manquèrent pas, lorsque l'église eût été agrandie, d'exprimer leur ferme croyance, par les paroles qui servent de titre à ce chapitre et qui sont gravées, en fort belles majuscules du XVIIe siècle, sur la pierre d'où l'eau se répand maintenant à l'extérieur par trois tuyaux abondants : FONS SALVTIS MARIA. *Marie, source du salut, donne à ses eaux une vertu salutaire.*

Ces pensées et ces dispositions louables firent bâtir, aux abords du premier oratoire, probablement en contre-bas de la sacristie actuelle, une première piscine, où les eaux de la source bénie étaient conduites et recueillies et dans lesquelles venaient se baigner les infirmes et particulièrement les personnes atteintes de rhumatismes ou d'autres douleurs (2). Camos, à qui j'emprunte ce détail, fait remarquer, dans son *Jardin de Marie*, que les malades, afin d'obtenir leur guérison, avaient coutume de se

---

1. *Fons infirmis in medicamentum.* S. Antoninus.
2. Camos, *Jardin de Marie*, 212.

plonger, *neuf fois*, dans ce bain d'eau glacée ; qu'ils allaient ensuite, bien enveloppés, se prosterner devant l'Image de la Vierge, pour y faire oraison, et qu'un grand nombre obtenaient la santé demandée. J'estime, pour avoir fait l'expérience de ces eaux, qu'une foi robuste et solide pouvait seule déterminer des malades à se plonger, jusqu'à *neuf fois* de suite, dans ce bain glacial.

Cette première piscine avait au moins deux compartiments. *Le livre de comptes A* nous l'indique assez clairement. Il fait mention quatre fois, sous la rubrique des années 1642, 1643, 1650 et 1662, des travaux qui y ont été exécutés, et il la désigne toujours sous le nom de *Bains, Bañys*, au pluriel. Elle a été en usage jusqu'en 1733, époque où fut établie la piscine actuelle, formée d'une seule pièce et qui est toujours désignée, dans le *Livre de comptes B*, par le même mot *Bain, Bañy*, mais au singulier ([1]).

Ce fut naturellement, vers cette dernière date, que l'eau de la Fontaine, qui naît derrière l'autel majeur, fut conduite, le long du mur de l'église, jusqu'au delà de la petite porte, entre les deux contreforts de droite, et qu'elle fut

---

1. LLIBRE DE COMPTES B. Années 1733-1734-1748-1768-1770.

amenée, par des canaux de bois, placés sous terre, de l'auge extérieure où elle se déverse dans le lieu affecté à la piscine qui est en usage aujourd'hui.

Cette seconde piscine fut d'abord un édicule isolé ; le bâtiment occidental, dont elle occupe l'extrémité, lui est postérieur. Elle est voûtée et comprend un espace carré d'environ quatre mètres de côté. Elle a subi, de 1733 à 1770, des modifications diverses. Ce n'est qu'à cette dernière date qu'elle a reçu sa forme définitive. En cette année, a été transporté et mis en place le bassin, fait d'un seul bloc de granit, où l'on descend par deux degrés de même matière, qui règnent sur ses quatre côtés ([1]).

II. ... L'on ne pourrait sans préjugé ou sans parti pris nier l'efficacité des eaux de *la Fontaine* recueillies successivement dans ces deux piscines. En mille rencontres, elles ont fait éclater le pouvoir de Marie. Par elles, la vive foi, qui a poussé les malades et les infirmes à affronter ce bain littéralement glacial, capable d'arrêter les volontés les plus déter-

---

1. LLIBRE DE COMPTES B.. Année 1770. Entre autres dépenses, figurent, au fol. 112 recto et verso, les dépenses faites *per portar la pedra del Bany*, *Per los gastos dels payres, per la pedra del Bany per acomodar las cadenas de portar la pedra del Bany*, etc....

minées et d'effrayer les tempéraments les plus robustes (¹), a vu s'accomplir des prodiges aussi nombreux que leur authenticité paraît assurée et incontestable.

Parmi les guérisons extraordinaires et les faveurs signalées, attribuées à la vertu de ce bain salutaire ou obtenues par la seule invocation de NOTRE-DAME DE FONT-ROMEU, je me borne à relever deux faits, au cours de chacun des trois derniers siècles. Au Livre de l'*Histoire contemporaine*, j'aurai à citer d'autres exemples, qui montreront clairement que Marie, à FONT-ROMEU, a été telle, en nos jours, qu'Elle fut aux temps passés ; qu'Elle n'a pas au cœur, pour ses enfants, moins de tendresse compatissante et que son bras n'a pas été raccourci.

Pour le XVIIᵉ siècle, j'emprunte au *Jardin de Marie* de CAMOS le récit de deux guérisons opérées de son vivant, dont il a pu se rendre compte par lui-même et dont il eût pu être le témoin.

---

1. Naix d'esta capellà santa.
   Al baix de vostre altar
   Una font freda que espanta
   Formant un bany singular.
   ... ...

Entre autres prodiges, qui s'étaient accomplis à FONT-ROMEU et dont les nombreux *ex-voto* et autres offrandes étaient pour lui l'irrécusable témoignage, il a relaté d'abord l'importante faveur accordée, l'an 1642, à trois membres de la famille *Escape* (1), de Prades, qui étaient venus à FONT-ROMEU, en compagnie du docteur *Lacreu* ou *Lacroix*, médecin. A peine arrivés à FONT-ROMEU, les trois frères *Escape* tombent subitement malades. Le docteur *Lacreu* les déclare atteints de la rougeole et leur défend de se baigner, par la raison qu'il est contraire à toutes les règles de la médecine que la rougeole puisse faire son éruption avec le froid, surtout à ce degré. Mais quel obstacle une telle recommandation devait-elle opposer à des hommes animés d'une foi si ferme et d'une si grande dévotion envers Marie ? Ils entrent hardiment dans la piscine. La rougeole fait son éruption, pendant qu'ils sont au bain, et ils n'en sortent que pour se prosterner devant l'Image de la Vierge et lui rendre grâces de la faveur obtenue.

---

1. Cette ancienne famille, qui a eu la gloire de donner à notre diocèse plusieurs prêtres d'un réel mérite, s'est éteinte, il y a à peine 25 ou 30 ans. La dernière survivante a légué la maison de ses pères pour qu'elle serve de presbytère paroissial.

Le docteur *Lacreu* dressa et signa incontinent un procès-verbal, qui fut encadré et laissé dans le sanctuaire, comme preuve authentique du bienfait reçu.

Quelques années après, le 23 juin 1646, un habitant de la *Seu d'Urgel*, perclus de tous ses membres, se fait transporter à FONT-ROMEU, pour être plongé dans la piscine. Il sent, au premier contact de l'eau, un léger soulagement. Animé d'une invincible confiance envers Marie, il demande que son immersion soit renouvelée selon la coutume. A la neuvième reprise, il avait recouvré le parfait usage de ses membres et la pleine santé.

Ayant rendu de grandes grâces à la Vierge, il revint fort joyeux dans sa demeure, observe naïvement le P. CAMOS ([1]).

Pour le XVIIIe siècle, je me borne à reproduire, entre cent autres, qui s'échelonnent, en quelque sorte, de son origine à son déclin, deux *Ex-Voto* encore suspendus aux murailles du Sanctuaire.

Le 1er est de l'année 1702 et se trouve ainsi conçu : « *Ex-Voto. Année 1702. Etienne « Esclusa, jeune, chirurgien du lieu d'Odello,*

---

1. CAMOS, *Jardin de Marie*. p. 222.

« *invoqua N.-D. de Font-Romeu et par son*
« *intercession fut délivré d'une abondante et*
persistante hémorrhagie (¹).

Le second, plus explicite encore, est de l'année 1740. Il est rédigé en ces termes :

« *Anne Douais, habitante de Chalabre,*
« *diocèse de Mirepoix, en Languedoc, a été*
« *miraculeuzement (sic) guérie, dans la chapelle*
« *de Font-Roumeau (sic) sous l'invocation de*
« *LA SAINTE VIERGE MÈRE DE*
« *DIEU. Il y avait quatre mois qu'elle ne*
« *prenait aucune espèce de nourriture et ne*
« *pouvait d'ailleurs marcher et se lever de*
« *terre que sur son dos et le visage tourné vers*
« *le ciel. Dans ce déplorable état qui attirait*
« *les yeux et les gémissements de tout un grand*
« *peuble (sic), ses parents lui firent en vain*
« *éprouver tous les remèdes possibles. Vouée et*
« *présentée par sa mère Elizabet (sic) Ville-*
« *neuve elle reprit parfaitement l'usage de tous*
« *ses sens. En éternelle reconnaissance elle*
« *offre ce monument à la postérité*

EX-VOTO. »

---

1. *Ex-vot. any 1702 Esteva Esclusa, Jove, cirurgia de Odello se invoca a M⁸ SSᵃ de Font-Romeu y per sa intercessio fonch deslliurat de un sanch flux de la boca y nas.*

Mettant à part la guérison d'un jeune aveugle de 14 ans, obtenue, à FONT-ROMEU, en 1824, et rapportée dans sa *Notice* par Mgr TOLRA DE BORDAS, sur l'attestation d'un témoin oculaire, *Jean-Baptiste Fabre*, paborde du sanctuaire, en cette même année, j'ai choisi, dans la première moitié de notre siècle, deux faits d'un autre ordre, où n'éclate pas moins la protection de Marie.

En 1807, le *R. P. Hyacinthe Coronas*, du couvent des Dominicains, de Puigcerda, venu, à FONT-ROMEU, en pèlerinage, se laisse choir d'une fenêtre à balcon, élevée d'environ trente pieds au-dessus du sol. Dans sa chute, il invoque Marie et il se relève, sans avoir éprouvé la plus légère blessure.

Le 18 mai 1819, une enfant de deux ans et demi, *Raphaëlle Saboya*, tombe, à la vue de son propre père, *Pierre Saboya*, dans le canal du moulin d'Angoustrine et est entraînée sous la meule. Le père jette un cri ; il invoque NOTRE-DAME DE FONT-ROMEU et il se précipite vers son enfant, qu'il a l'indicible joie de trouver saine et sauve et de retirer lui-même de l'eau.

Jusque dans ces derniers temps, cette Enfant de miracle n'a pas manqué de venir à

Font-Romeu, plusieurs fois tous les ans, prouver à Marie sa reconnaissance.

III. — Mais ces exemples de guérisons ou de faveurs accordées par la très sainte Vierge, invoquée sous le nom de N.-D. de Font-Romeu, donneraient une faible idée du pouvoir déployé et des grâces répandues, dans ce lieu béni, si l'on n'avait pas sous les yeux la multitude presque infinie des *Ex-voto*, dont les fidèles ont littéralement couvert et tapissé les murailles de son église.

Faut-il supposer que la foi de nos populations catalanes se soit laissé surprendre et montrée trop facile ? Rien n'autorise une telle façon de penser. Cette accumulation extraordinaire de touchants témoignages de la piété, ces monuments si nombreux de la reconnaissance indiquent plutôt, d'une part, la maternelle condescendance de la Reine du Ciel à soulager toutes les infortunes, et, de l'autre, le sens délicat du peuple et le zèle qui l'a toujours animé à marquer, par des signes sensibles, sa gratitude et sa dévotion envers Marie.

Sous ce rapport, Font-Romeu peut rivaliser avec les sanctuaires les plus célèbres, et, si l'on excepte aujourd'hui la basilique de *Notre-*

Dame de Lourdes et quelques autres rares églises, je doute qu'il y ait, non seulement en France, mais dans les autres parties de la chrétienté, des temples saints, où, toutes proportions gardées, la miséricorde et la puissance de Marie se soient manifestées avec plus d'éclat et par des bienfaits plus fréquemment renouvelés.

Je n'ai pas le dessein d'énumérer ces *Ex-voto* ni d'en faire la description ; ce travail serait long et difficile. Dans leur ensemble, ils correspondent à tous les événements heureux ou malheureux de la vie humaine. Comme il n'y a point d'infortune ni de douleur qui n'ait laissé ici son souvenir, après y avoir trouvé son remède, il n'y a point de bonheur qui n'y fasse éclater sa note réjouissante. Je ne vais pas au-delà de cette observation générale.

Je voudrais plutôt répondre à je ne sais quelle provocation des esprits légers, superficiels, peu versés dans les choses de la piété catholique, qui, en mettant le pied dans le sanctuaire de FONT-ROMEU et après avoir jeté un coup d'œil dédaigneux sur ces divers monuments de la reconnaissance chrétienne, haussent les épaules et laissent échapper de leurs lèvres des propos sceptiques et railleurs, mêlés au malin sourire de la pitié et de l'ironie. Au cours de leur rapide examen, ils ne manqueront pas de signaler, parmi cette multitude d'*Ex-voto*, tel ou tel objet qui les offusque, comme sont les chevelures de femmes, tressées et encadrées, ou les simulacres d'yeux, de pieds, de mains, etc., etc., exécutés en cire. Ils ne songeront pas que, dans l'appréciation des personnes qui les offrent, ces *Ex-voto* ne sont dépourvus ni de valeur ni de signification. N'est-ce pas un réel sacrifice pour une femme de se dépouiller de sa chevelure ? Cette superfluité, qui est son ornement, lui est toujours précieuse. Les images en cire suspendues aux murailles sont l'expression réelle et frappante des guérisons obtenues.

Si ces remarques déplacées étaient faites au nom du progrès, de l'esthétique, de la science dont on affecte tant de se prévaloir de nos jours, et par des gens véritablement cultivés et instruits, je leur demanderais de rappeler leurs souvenirs classiques et ils devraient convenir que la coutume de suspendre, aux colonnes des temples, des *Ex-voto* de TOUTES SORTES, était suivie dans l'antiquité païenne, chez les Grecs et les Latins. Tel écrivain déjà célèbre de nos modernes académies (¹) irait jusqu'à leur enseigner au besoin, quoique, à mon sens, contre toute vérité, que l'usage chrétien des *Ex-voto* a tiré du paganisme son origine. Cette pratique remonte plus haut. Elle est née, pour ainsi dire, du fond même de la nature humaine, qui a toujours senti la nécessité d'exprimer à la Divinité, par des signes matériels, sa reconnaissance des bienfaits reçus. Jacob et les autres patriarches de l'Ancienne Loi avaient consacré et dressé leurs pierres et leurs autels et fait leurs vœux au Seigneur, bien longtemps avant que la Grèce et Rome n'eussent bâti leurs temples.

Après ces réflexions, les visiteurs peu respectueux de notre Sanctuaire, s'ils étaient de bonne foi, devraient s'avouer à eux-mêmes qu'ils ne sont pas fondés à blâmer chez les chrétiens ce qu'ils trouveraient sans doute digne d'admiration chez les païens, par une disposition d'esprit qui n'est pas, hélas! imaginaire.

Au contraire, si j'avais à traiter avec des âmes pieuses, mais, comme il arrive souvent, trop promptes à émettre un jugement sur des matières peu connues, je leur dirais qu'il n'est

---

1. Comme *M. Gaston Boissier* et autres auteurs.

pas permis de taxer, comme font les purs rationalistes, de *démence* ou de *stupidité*, un usage qui date, dans sa forme actuelle, des premiers âges du christianisme.

« Dès les premiers siècles, les fidèles suspendaient aux colonnes des églises des *Ex-voto* en action de grâces de quelques faveurs obtenues de Dieu.

« Les *Ex-voto* étaient certainement usités au Ve siècle. *Théodoret* raconte que, reconnaissants des guérisons obtenues, les fidèles suspendaient dans les sanctuaires *des simulacres d'yeux, de pieds, de mains... exécutés en argent et en or ;* et le témoignage de *saint Paulin* fait remonter cet usage jusqu'à la fin du IVe siècle ([1]). »

Sans insister davantage, ces *Ex-voto*, quelles que soient leur nature et leur forme, ont droit au respect de tous, et c'est avec vénération que nous devons les parcourir du regard ou les contempler à loisir, parce qu'ils sont les témoignages sacrés de la piété reconnaissante, les marques du pouvoir souverain de Marie et comme les trophées de ses innombrables et consolants triomphes.

---

1. MARTIGNY, *Dictionnaire des antiquités chrétiennes*, au mot ANATHÈME, p. 38.

Souvent aussi les fidèles ont déposé dans notre Sanctuaire d'autres offrandes. C'étaient divers objets d'or et d'argent, qui étaient affectés, après un certain temps, par une conversion utile et avec l'approbation de l'évêque d'Urgel, à la confection ou à l'acquisition des vases sacrés et autres ornements nécessaires au culte. Dans la seule année de 1721-1722, l'on recueillit *cent-trente-huit* de ces dons, qui furent remis à un orfèvre, en échange d'un bassin et de deux burettes de fin argent ([1]).

IV. — Pour épuiser le sujet du Culte de Marie a Font-Romeu, il ne me reste plus qu'à expliquer, à la fin de ce chapitre, la dévotion à Jésus crucifié et à Marie au pied

---

1. Une acquisition semblable fut faite, en 1737, au prix de 165 francs, 5 sous. Entre autres objets d'orfèvrerie, Font-Romeu était en possession, au XVIIe siècle, d'un *calice* donné en 1656 par le R^t *François Bosom*, bénéficier de Sainte-Marie de Puigcerda ; d'un reliquaire pour la *vraie croix*, acquis, en 1659, au prix de 14 charges de blé et de 38 écus blancs, et d'une *couronne de la Vierge*, en or et pierreries. — *Llibre de Comptes A*. — L'on ne lira pas sans intérêt je crois, la liste des objets, portés pour mémoire, aux comptes de l'année 1722 : « *Nou anells de or. — dos anellas de or per portar a « les orellas. — Una beveta de or per portar al coll — tres creus de « plata — vuitanta dos anells de plata — dos racors de plata — « tres botons de plata foredats — tres petitas imatges — dos recadas de « or ab son pectoral tot es guarnit de pedras blancas — quatre cors « de plata — tres camas de plata — un homenatge de plata — catorse « ulls de plata — sis mamellas de plata.* » Llibre de Comptes B, fol. 249, verso.

DE LA CROIX, ou, pour tout dire d'un seul mot, au MYSTÈRE DU CALVAIRE, qui y est en honneur.

Il n'est pas étrange que cette dévotion se soit produite et soit devenue florissante en un tel lieu. Elle est le complément nécessaire et le couronnement du culte de Marie sur terre.

Dans les divers sanctuaires qui sont dédiés à la Reine du Ciel, les fidèles vont à Marie comme à leur Mère. Or, de Nazareth au Calvaire, Marie nous apparaît, à proprement parler et avant tout, comme la MÈRE DE JÉSUS. C'est sa première maternité avec tous ses privilèges et toutes ses gloires. Ce n'est qu'au pied de la croix, qu'elle est investie, par un acte officiel, de sa mission et de son titre inamissibles de MÈRE DES HOMMES.

Cette seconde maternité a rapproché Marie de nous et autorisé de notre part toutes les pieuses audaces. Un sanctuaire d'où serait formellement exclu le souvenir du Calvaire, pourrait nous inspirer une très haute idée de la Mère de Dieu, des grâces qu'Elle a reçues et des hommages qui lui sont dûs, mais il ne serait pas entièrement approprié à notre condition et à nos besoins et nous laisserait presque sans espérance. Il faut que l'image et la vue de Marie au pied de la croix nous rappellent qu'elle est véritablement notre Mère, que son cœur est plein pour nous de sollicitude et de tendresse et que nous pouvons sans hésiter faire appel à sa bonté et à sa puissance.

De là vient que le Mystère de la Croix a une place d'honneur dans presque tous les sanctuaires de la Vierge. Pour ne citer que quelques exemples, La Salette a sa *Voie douloureuse*, Betharram, son *Calvaire*, et Lourdes, où la radieuse présence de l'*Immaculée* semble avant tout répandre la joie et épanouir les cœurs, est aussi dominé par le signe de la Rédemption.

Cet ordre de choses n'est pas l'invention d'une piété fantaisiste et capricieuse. Il porte les caractères d'une règle générale. C'est le plein et naturel développement d'une vérité dogmatique. C'est le fruit d'une théologie profonde, qui pénètre secrètement le peuple chrétien et qui le dirige dans les manifestations de sa piété, sans qu'il se rende toujours un compte exact, réfléchi, ni de la cause première qui le meut, ni de l'œuvre finale qu'il accomplit.

Il n'est donc pas étonnant que Font-Romeu ait eu aussi sa chapelle dédiée au Christ cru-

CIFIÉ ou bien à MARIE AU PIED DE LA CROIX.

Si l'on observe encore que c'est le STABAT JUXTA CRUCEM JESU, la VIERGE DEBOUT et non NOTRE-DAME DE PITIÉ ou la DÉPOSITION DE LA CROIX, qui est ici représenté, l'on comprendra sans peine qu'intentionnellement cette chapelle a été un asile ouvert à toutes les douleurs et parfaitement assorti à l'état d'âme des infortunés qui viendraient demander appui ou guérison. Marie leur est montrée au moment où son Fils l'a instituée MÈRE DES HOMMES, pour relever les cœurs brisés ; et cette MÈRE DES DOULEURS donne à ceux qui lui demandent d'être secourus l'exemple de la résignation la plus magnanime et du plus sublime courage. Combien d'âmes éprouvées ont trouvé, dans cette chapelle de la douleur suprême de JÉSUS et de sa Mère, la consolation, l'espérance et la joie !

Mais, comme si Dieu ait voulu mieux marquer lui-même, à FONT-ROMEU, cette union du culte de Marie et du mystère de la croix, la disposition naturelle des lieux devait faire naître l'idée et le projet d'ériger là un véritable CALVAIRE.

A la distance d'environ trois cents mètres

du Sanctuaire, la main de Dieu avait ménagé un mouvement de terrain et un amoncellement de roches granitiques. Entassées sans ordre les unes sur les autres, par l'effet de quelque soulèvement violent et subit, elles formaient un mamelon abrupte et assez élevé, non seulement pour dominer les forêts voisines, mais pour être encore vu, de tout le plateau de la Perche et des pays plus éloignés de la Cerdagne. Sous l'action simultanée du temps et des éléments, ces blocs avaient perdu leur dureté primitive.

Ils s'étaient désagrégés en partie et ils étaient devenus friables. Cette modification opérée dans leur nature avait rendu le sommet plus accessible et fait sans doute attribuer à cette masse informe la dénomination de *La Tosca* (¹).

Son point culminant ne tarda pas à recevoir la destination qu'il devait avoir. De nos jours les géographes l'ont pris, pour leurs travaux, comme point trigonométrique. La piété de nos pères, heureusement inspirée, y avait érigé un

---

1. COMPANYO dans son HISTOIRE NATURELLE DU DÉPARTEMENT DES PYRÉNÉES ORIENTALES, a fait remarquer qu'en *beaucoup d'endroits du département, le granit a perdu sa consistance et sa solidité ordinaire et qu'il est devenu tout friable et graveleux*. Cette observation s'applique au granit de Font-Romeu. COMPANYO, t. I, p. 246. TOSCA PEDRA : *Pumex, lapis bibulus, spongia* (TORRES).

oratoire pour servir de repère aux pèlerins, et, comme dit Camos (¹), pour rafraîchir par sa vue le souvenir exact du lieu où avait été découverte l'Image vénérée de Marie.

Maintenant encore, si vous venez à perdre votre sentier et à vous égarer dans les pins de la forêt, l'aspect de cette cime vous rassure et vous épanouit le cœur, en y faisant naître la joie si douce de vous surprendre plus près de Marie et de son Sanctuaire, que vous ne l'aviez cru.

Cette dénomination de La Tosca, déjà vieille du temps de Camos, commença à tomber en désuétude, et le mamelon qu'elle avait jusque-là désigné fut appelé, dès la seconde moitié du XVIIe siècle, Lo Padro (²). *Le livre de comptes A* porte une dépense de 5 ducats et demi, d'une demi-charge de blé et d'une autre somme d'argent indéterminée, pour les réparations qui y furent faites, sous cette seconde appellation, dès l'année 1661. Un siècle plus tard, en 1767, il est fait mention dans le *Livre*

---

1. *Y tiene no muy lexos un montesico agudo que se llama la Tosca, donde hay un oratorio que de muy lexos se descubre de los caminantes y de muchas partes : el qual refresca con su vista las memorias de la Imagen, que en aquel lugar descubrio el Cielo para consuelo de los fieles.* Camos, *Jardin de Marie.*
2. Amas ou entassement de pierres.

de comptes B, de nouveaux travaux et de la reconstruction du chemin du Padro, que les ravages du temps et l'inclémence du ciel avaient dû rendre nécessaires (¹).

Un escalier, formé d'une trentaine de degrés, taillés, les uns, dans le roc, les autres, bâtis en maçonnerie, donnaient accès au sommet. Les pèlerins les gravissaient avec une religieuse lenteur et quelquefois même à genoux ; et ils venaient dévotement faire oraison devant l'édicule où avait été placée une image de Marie.

Le plateau supérieur, d'où le regard s'étend jusqu'aux plus hauts pics de nos géants pyrénéens et embrasse l'un des plus grandioses panoramas qui soient offerts à la contemplation de l'homme, a été appelé aussi Mirande ou *Observatoire.*

Mais tous ces noms tirés de l'ordre naturel devaient s'effacer un jour et faire place à une dénomination plus sublime, qui doit être irrévocable.

En un tel lieu, cette colline devait éveiller l'idée d'une montagne plus célèbre. Le zèle éclairé *de l'abbé C. Raymond,* curé d'Odello,

---

1. *Per acomodar lo Padro y fer fer un passador.* Llibre de comptes B fol. 110, recto.

comprit que sa véritable destination était de reproduire l'image du *Calvaire*. Il se mit donc à l'œuvre avec son énergie indomptable. Il élargit et adoucit la pente de *La Tosca* ou du *Padro*. L'étroit et périlleux sentier devint un chemin facile. Les quatorze stations de la *Voie douloureuse* y furent érigées, de distance en distance, avec leurs simples et austères chapelles, et, sur le plateau supérieur, une croix de grandes proportions, éleva aux nues l'image de Jésus Crucifié. Dès ce moment, *la Tosca* ou *le Padro*, a été et sera, à tout jamais, Le Calvaire.

LIVRE TROISIÈME.
L'Œuvre de Font-Romeu.

CHAPITRE PREMIER.

Les Revenus de l'Œuvre de Font-Romeu et leur emploi.

I. Diverses sources de revenus : Les produits de la chapelle. — Fondations et redevances annuelles. — Possessions et *héritage* de Notre-Dame. — Quêtes générales. — Vente d'objets de piété. — Hôtellerie.

II. — Construction et entretien des bâtiments de FONT-ROMEU. La première maison. — La maison du *Bain* ou de la Piscine. — *L'Obra nova* (¹). — Achèvement de l'aile orientale. — L'aile récente.

A suite naturelle de cette histoire nous amène à rechercher au moyen de quelles ressources le premier oratoire fut agrandi d'abord et ensuite décoré, à l'intérieur, par le ciseau de *Sunyer* et le pinceau *d'Escriba*, la piscine déplacée et reconstruite, et plus tard bâtis les divers corps de logis qui servent d'hôtellerie.

Tant que l'oratoire dédié à Notre-Dame

---

1. Nouvel œuvre.

de Font-Romeu garda les proportions exiguës du commencement, il ne fallut pas, on le comprend, pour son entretien, de grandes ressources. Les simples produits des fêtes et des *aplechs* pouvaient suffire, d'autant mieux que chaque groupe de paroisses avait soin de faire les frais du luminaire et de tout ce qui était nécessaire au culte, dans le jour qui lui était affecté.

Mais cette situation précaire ne pouvait toujours durer. Le moment vint où l'on dut se préoccuper de donner à l'oratoire primitif de plus vastes dimensions et au culte de la Mère de Dieu plus de solennité et d'éclat. Ce dessein, comme je l'ai déjà dit, se trahit, dès les premières années du XVIIe siècle. Jusque-là une seule personne, faisant fonctions d'*Obrer*[1], avait pris soin de la chapelle, sous la seule obligation de rendre ses comptes, à la fin de l'année, et de remettre à son successeur le fruit de sa gestion.

C'est ainsi que le 5 juin de l'année 1615, *Jean Torrent* d'Odello remet à *Guillaume Boscall*, *pagès*, du même lieu, élu *Obrer* de Notre-Dame de Font-Romeu, la somme de dix-huit doubles d'or et cinquante réaux d'ar-

---

1. *Obrer* attaché à l'Œuvre ou chargé de l'Œuvre, *operarius*.

gent, comme reliquat de son administration ; ce qui, d'après une évaluation que j'ai toute raison de croire exacte, équivaut à 178 francs environ de notre monnaie.

Le 21 mars 1616, *Raymond Masfarrer*, économe d'Odello, déclare avoir reçu du même *Guillaume Boscall, Obrer* de la dite *chapelle*, un *demi-double, plus un réal de huit et un réal de quatre*, pour des messes qu'il devait faire célébrer aux intentions d'un certain bayle, du nom de *Cot*, qui avait donné le champ *del Clot*, moitié pour son âme et moitié pour l'agrandissement de la chapelle, *la mitat per sa anima y l'altra mitat en aument de la dita capella* (¹).

Mais à quoi pouvaient servir des revenus si modiques ? Pour les accroître, les chefs des principales familles d'Odello formèrent, vers cette même époque, une association pareille aux confréries qui avaient existé, aux beaux temps du moyen âge, dans certains sanctuaires de la Vierge, et dont les membres s'engageaient à payer chacun, le jour de la Saint-Michel de septembre, une redevance de dix à quinze

---

1. ARCHIVES PAROISSIALES D'ODELLO . ✠ MARIA. *Llibre de nostra senjora de Font-Romeu de los c^tes del rebud j pagat per lo any 1640, obrer Gujllem Buscall.* — C'est le livre que je désigne par *Llibre de comptes A.*

réaux. Il existe encore, aux archives d'Odello, une liste de quinze chefs de familles, bayle en tête, qui avaient souscrit un semblable engagement et payaient ensemble une censive annuelle de *cent quarante-cinq réaux* (1). Cet acte est le début de l'*Œuvre* de Notre-Dame de Font-Romeu.

Cette pieuse initiative des habitants d'Odello fut bientôt secondée par l'Abbaye de Saint-Martin de Canigou, qui, comme l'on sait, possédait, en directe seigneurie, la plus grande partie des biens de cette paroisse. Toujours libérale et magnifique, heureuse aussi de promouvoir le culte de Marie dans ses propres domaines, elle fit donation à l'*Œuvre de Notre-Dame*, à peine instituée, de *dix-neuf* propriétés, de diverses natures, sises au territoire d'Odello, sous la seule condition que l'*Œuvre donnerait tous les ans à l'abbaye, comme redevance, le jour et fête de Saint-Michel de septembre, quatre charges et une mesure d'orge, une charge de seigle, mesure fluxa, et deux mesures de seigle au bayle de Vernet, et d'autre part quatre fromages, lorsque la chapelle aurait du*

---

1. *L'Œuvre de Font-Romeu* percevait d'autres censaux consentis par des particuliers. C'est ainsi qu'un *Pierre Salva* d'Égat payait annuellement une redevance de deux doubles et demi d'or. etc., etc.

bétail, autrement non, et cinq livres monnaie de Cerdagne, un jambon de cochon salé et une paire de poulets.

En diminution de ces censives, Guillaume Buscall et ses descendants devaient fournir *six mesures d'orge et une mesure de seigle, le jambon salé et la paire de poulets*, et Barthélemy Puig et ses héritiers, *quatre mesures d'orge*.

Cette déduction faite, *la chapelle de Notre-Dame de Font-Romeu devait tant seulement payer au Seigneur abbé trois charges orge et une charge de seigle* [1].

L'élan était donné. Des quêtes annuelles et

---

1. Archives d'Odello : *Regonexensa feta per los obrers de n^a s^{ra} de Font-Romeu al S^r abat de St. Marti de Canigo.* — Ibid. : *Extrait d'un acte retenu par* François Diégo, *notaire de Perpignan 1659, et par Rovira Michel, également notaire de cette ville 1666.* Dans ces documents se trouvent décrites, avec leurs délimitations et confrontations naturelles, les propriétés données à N.-D. de Font-Romeu par l'Abbaye de Saint-Martin.

Dans l'Inventaire général des titres de l'Abbaye, dressé en 1586, par ordre de D. *Jacques de Agullana*, archidiacre de Gérone et visiteur par délégation apostolique, de la dite Abbaye, il n'est fait mention ni de ces donations ni du *capbreu* ou papier terrier, dans lequel elles sont spécifiées.

D'autre part la chapelle de N.-D. de Font-Romeu, comme il conste par les registres conservés aux archives d'Odello, paye déjà, en 1642, une redevance annuelle *de deux charges et cinq mesures d'orge et sept mesures de seigle* au seigneur abbé de Saint-Martin. Les libéralités de l'Abbaye en faveur de Font-Romeu ont été donc faites, selon toute probabilité, dans les quarante premières années du XVIIe siècle.

générales furent établies. Des *pabordes* et des *pabordesses* furent chargés de ce soin, dans les paroisses de la Cerdagne et un quêteur, vulgairement appelé *ermite*, parcourut dans le même but, tout le pays du Conflent et du Roussillon (¹).

Au rendement régulier des possessions cédées par l'Abbaye de Saint-Martin et désignées sous le nom d'*Héritage de Notre-Dame*(²), vinrent s'ajouter des denrées de toutes sortes, comme blé, orge, avoine, laine, chanvre, vin, huile (³). Ces collectes furent même bientôt assez abondantes pour rendre nécessaire la construction, à Odello, d'une maison destinée à les centraliser (⁴). Il faut joindre encore à ces dons les aumônes recueillies dans la chapelle et qui s'élevèrent, dès la fin du XVIIe siècle, à une moyenne annuelle de 300 livres, les ex-voto et les divers joyaux d'or et d'argent, qui

---

1. La liste des familles qui se faisaient une joie d'héberger l'ermite de FONT-ROMEU, dans les diverses paroisses qu'il devait visiter, a été conservée aux archives d'Odello. — Le mot de *paborde* correspond au mot français de *prévôt* ou de *préposé*.

2. *L'héritage de Notre-Dame* donnait un revenu annuel de 10 à 15 charges de blé.

3. Les quêtes générales étaient plus productives. Le maximum atteint, pour le blé, a été de 80 charges, en 1691; pour le vin, de 5 charges ½, en 1695; pour la laine, de 200 livres, en 1715.

4. Cette maison, appelée *Casa gran*, bâtie en 1642, est devenue le presbytère paroissial, en 1785.

étaient convertis, tous les ans, en numéraire, le produit de la vente des médailles et objets pieux, et, dans le XVIIIe siècle, les bénéfices réalisés à l'hôtellerie et portés encore, dans les années 1790 et 1792, au chiffre de *deux mille francs.*

Telles sont les diverses sources de revenus qui permirent à l'*Œuvre de Font-Romeu* d'agrandir et de décorer le sanctuaire, de déplacer la piscine et de bâtir enfin les vastes constructions qui servent d'hôtellerie.

II. — L'urgente nécessité d'une hôtellerie, si modeste fût-elle, dut se faire sentir dès la première heure. Mais donnant aux choses de la piété le premier rang, nos ancêtres songèrent d'abord à augmenter et à embellir le sanctuaire de *Notre-Dame*. Ils avaient au cœur assez de foi pour s'exposer à l'air vif de la montagne et aux variations de l'atmosphère. Ils s'estimaient heureux de pouvoir, au prix de ces contrariétés éventuelles, rendre leurs devoirs à la Mère de Dieu.

Cependant l'on ne différa pas jusqu'en 1733 ([1]) à construire un premier refuge ou la première aile de l'hôtellerie, à Font-Romeu.

---

1. *Notice historique sur N.-D. de Font-Romeu*, p. 55.

Une maison y fut bâtie en 1693 et 1694 et une somme d'environ deux mille livres fut affectée à ce travail (¹). *Monseigneur Siméon de Guinda y Apeztagui* fait déjà une mention expresse de cet édifice, dans ses règlements de 1721.

Les corps de Logis de Font-Romeu.

Cette première maison a été surélevée, agrandie et transformée pendant les années 1722, 1723 et 1724. Les soldats, qui étaient en garnison à Mont-Louis, furent employés à

---

1. *An guastat en fer la casa tant per mestres paires y fustas, cals, claus y feramentas lloza y guasto se a fet en aquella tot compres fins vuy dia 685 escuts blanchs y sinc rals de valor de 10 rals de plata lo escut.* — Ad. an. *1694, fol. 27 verso.* — LLIBRE DE COMPTES B.

ces travaux, en 1722. L'an 1723, le compartiment du rez-de-chaussée, qui sert de cave, eut ses ouvertures munies de fortes grilles de fer. Nous en avons la preuve matérielle dans une inscription gravée, en sens vertical, sur un barreau de l'une de ces fenêtres et qui est ainsi conçue : LO — ANY — 1723 — LO Rt — AGO STI — BO SO MB ES — RE CTO R — DE — ODE LLO — Y YO AN — SAR DA — Y PE RA — BLA ◊ NQ VE — PA BO RD ES — DE FO NT — RO MEV SARDA (¹).

Mais ce ne fut qu'en 1724 que la cave fut voûtée et le support des foudres construit (²).

Cette maison, appuyée sur la chapelle en contrebas de la sacristie et formant avec elle un angle droit, a été antérieure à la *maison du Bain* ou *de la Piscine*.

Ce second corps de logis n'a été élevé qu'en 1733, presqu'en même temps que la Piscine actuelle. Il a été continué, sous le nom d'*Obra nova* ou nouvel œuvre, au-dessus des arcades qui forment portique et galerie, à la façade

---

1. *L'an 1723, le Révérend Augustin Bosombes étant curé d'Odello et Jean Sarda et Pierre Blanqué, pabordes de Font-Romeu*, SARDA.
2. *Llibre de comptes B.* fol. 54 et 57 recto.

intérieure, pendant les années 1748, 1750, 1751 et 1752 (¹).

L'aile occidentale une fois terminée, l'on songea à prolonger, sur une ligne parallèle d'une égale étendue, l'aile orientale, qui était appuyée sur le côté droit de la chapelle. S'il faut s'en rapporter aux dates sculptées sur le granit de cette nouvelle construction, c'est vers l'an 1774 que ce travail fut exécuté.

Ces deux corps de logis, que l'on eût dit, à distance, jetés perpendiculairement et unis aux deux extrémités du Sanctuaire, bâti au nord, étaient comme deux bras, qui s'avançaient sur l'avenue du Calvaire, pour appeler et accueillir les pèlerins, à leur arrivée. Ils formaient une vaste cour, largement ouverte au sud, qui, dans sa simplicité, avait un agréable et saisissant aspect.

Cette cour a été fermée, dans ces derniers temps, par un nouveau bâtiment, qui a sans doute sa grande utilité, puisqu'il permet de recevoir des visiteurs plus nombreux et de leur offrir une hospitalité plus convenable. Mais l'on ne peut s'empêcher d'avouer qu'il a fait perdre à FONT-ROMEU quelque chose de

---

1. *Ibid.*, fol. 90, 94.

son cachet et du charme que donnait le coup-d'œil d'autrefois (¹).

Si quelques modifications, qui ne seraient pas très coûteuses, étaient opérées dans les vieux bâtiments, FONT-ROMEU pourrait offrir à deux fois plus de pèlerins, c'est-à-dire, à près de deux cents personnes, un séjour véritablement délicieux pendant l'été et aux âmes qui veulent s'isoler du monde et cherchent le silence, pour mieux trouver Dieu, la douce et suave retraite qui arrachait à un saint Bernard cette exclamation brûlante :

O beata solitudo ! O sola beatitudo !

O bienheureuse solitude ! O seule béatitude.

---

1. Ce dernier corps de logis a été commencé, en 1876, sous l'administration du vénérable abbé Ribeill, nommé plus tard curé-doyen de Saillagouse.

CHAPITRE II.

Organisation et Administration de l'Œuvre de Font-Roméu.

I. — Organisation et personnel de L'ŒUVRE *Obrers, pabordes* et *pabordesses;* leurs attributions, obligations et émoluments ; *Obrer majeur* et administrateur ; Ermite-quêteur. — II. Caractère propre de L'ŒUVRE ; tentative de la communauté séculière d'Odello ; Abus et répression ; issue du conflit.

A centralisation et l'emploi des divers produits, dont j'ai fait connaître les sources au chapitre précédent, ne pouvaient être abandonnés au caprice du premier venu. Il fallait, de toute rigueur, instituer une *Œuvre* proprement dite et lui donner un Conseil d'administration.

Comme le *Vœu national, Notre-Dame de Lourdes, Notre-Dame de Fourvières* etc., etc., Font-Roméu eut alors son organisation particulière, pour l'appel des fonds et leur affectation intelligente et fidèle à la destination véritable. Le système appliqué fut simple. Voici de quelle manière se composa le personnel de l'*Œuvre* et quelles furent ses attributions.

A l'*Obrer* unique, qui prenait soin de l'oratoire primitif, l'on adjoignit d'abord un second *obrer*. Ils furent désignés, l'un et l'autre, sous l'appellation d'*Obrers mineurs* ou *de Pabordes* et nommés pour un an. Il reçurent de leurs prédécesseurs, comme insignes de leurs fonctions, les bassins des quêtes et la caisse à deux clefs, où étaient déposés les fonds recueillis.

La confiance publique dont ils jouissaient les faisait investir de cette charge. Ils l'exerçaient sous la surveillance et l'autorité du Curé d'Odello, qui avait lui-même le titre et la fonction d'*Obrer majeur*, d'Administrateur et de Président de l'*Œuvre*. Mais ils n'étaient pas responsables et ne relevaient, en réalité, pour l'exécution de leur mandat, que de leur propre conscience. Ils devaient simplement tenir un livre de recettes et de dépenses et rendre compte de leur gestion, dans une réunion du Conseil, qui avait lieu, une fois par an, à la *Casa Gran* d'Odello, et qui était composée du curé de la paroisse, des *Obrers* sortants, des *Obrers* désignés pour entrer en fonctions, du bayle et des deux consuls et quelques notables de la communauté séculière.

Il incombait naturellement aux *Pabordes*

de vendre les denrées provenant des quêtes annuelles et de *l'Héritage de Notre-Dame*, et lorsqu'eut été bâtie l'hôtellerie ou *hospice de Font-Romeu*, ils en eurent également la gérance, avec le concours de deux *Pabordesses*, spécialement occupées à la cuisine et à la lingerie.

Au début de notre siècle et après le rétablissement du culte, l'usage primitif a été remis en vigueur et il n'y a eu depuis en charge qu'un seul *Paborde*.

Une seule femme de service a été également engagée, en temps ordinaire, pour l'hôtellerie. L'on s'est contenté, aux jours de fêtes et *d'aplechs*, de prendre deux ou plusieurs autres personnes, pour veiller aux intérêts de Font-Romeu.

La charge des *Obrers* ou *Pabordes* était-elle remplie à titre purement gracieux? Il n'y a pas lieu de le supposer. Tout esprit sensé reconnaîtra sans peine qu'un service si absorbant et si laborieux, pendant une année entière et plus particulièrement pendant les six mois du printemps et de l'été, qui rendait impossible tout travail propre et d'intérêt personnel, devait être rétribué.

Quels émoluments leur étaient-ils affectés?

Les livres de comptes du XVIIe et du XVIIIe siècles gardent, sur ce point, un silence absolu. Cependant nous pouvons nous former quelque idée de leur situation, par les conditions exprimées dans l'acte passé, en 1818, par devant Me Blanc, notaire à Saillagouse, lorsqu'il fut décidé de rendre les *pabordes* responsables et de les nommer à vie.

Par cet acte portant règlement pour le *Paborde*, il appert que celui-ci « *était nourri, entretenu, logé, habillé, chaussé selon son état et condition bien et duement aux frais de la maison de Font-Romeu, tant en santé qu'en maladie, logeant, à Font-Romeu, au temps prescrit, suivant l'usage et à la saison inhabitée, au dit Font-Romeu, à la maison commune, à ce destinée, à la commune d'Odello, où il lui sera tenu, aux mêmes frais de la Chapelle de Font-Romeu, tout ce qui lui sera nécessaire* (article 9). *Moyennant quoi, le paborde devait fournir caution et être responsable, sauf les cas de force majeure, pour les effets portés à l'état estimatif* » qui s'est élevé, pour l'année 1822, à *2305 francs* et, pour l'année 1823, à *1873 francs* ([1]).

Pour sauvegarder les droits de la vérité, je

---

1. Archives paroissiales d'Odello.

dois déclarer que les habitants d'Odello ne furent pas désireux de souscrire à ces conditions ; et la charge de *Paborde* fut remplie, une première fois, par le sieur *Barnola*, de Bolquère, et une seconde fois, par le sieur *Raymond Rossinés*, d'Olette. Cet essai de réforme n'eut pas de succès ; le nouveau règlement fut abandonné, et les habitants d'Odello reprirent la fonction de *paborde*, pour ne plus la quitter.

Dans le personnel de l'*Œuvre* était compris encore, dès le commencement, un *ermite-quêteur*, qui avait ses attributions et son habit distinctifs. Il en est fait mention déjà en 1664. En 1686, c'est un nommé *Claude Llens*, du diocèse de St-Pons de Tomières, en Languedoc, qui est admis à cet emploi et qui en reçoit l'habit, le 10 Août, sous l'administration de l'abbé Ribot, prêtre et curé d'Odello [1].

II. — Comme l'on peut s'en convaincre, l'*Œuvre de Font-Romeu*, quoique distincte de la Fabrique paroissiale, a été dès l'origine et elle est demeurée toujours une ŒUVRE D'ÉGLISE, sous la surveillance et la direction du

---

1. LLIBRE DE COMPTES B. *fol. 223, verso.*

Curé d'Odello et le contrôle de l'Évêque d'Urgel. C'est là son véritable caractère, qui doit être maintenu.

Il est vrai que la communauté séculière du lieu d'Odello a élevé quelquefois des prétentions contre cet ordre de choses et qu'elle a même tenté, par des actes publics, de revendiquer la direction de *l'Œuvre de Notre-Dame* et la libre administration de ses revenus.

C'est ainsi qu'au mois d'Octobre 1763, « la « communauté séculière d'Odello et pour elle « les sieurs *Dominique Puig, Hyacinthe Coll* « *et Jean Cerda* sindics *(sic)* nommés par déli-« bération prise en conseil général, présentent « à M. l'Intendant de la Province une requête, « tendante *(sic)* à ce qu'il lui plaise pour les « causes et raisons y contenues permettre à « la dite communauté et pour elle à ses sindics « *(sic)* de prendre sur les revenus de *l'hospice* « *de fontromeu* les sommes nécessaires pour la « poursuite de la cause qu'ils doivent intenter « contre Monsieur Colomer, (1) curé du dit « lieu........ La communauté intente ce procès « pour ne pas se voir dépouillée de ses privi-« lèges, titres et droits qu'elle a d'un temps « immorial *(sic)* sur l'Administration et Di-

---

1. L'abbé *Jacques Colomer* a été curé d'Odello, de 1759 à 1772.

« rection des revenus de l'hospice de la dite
« chapelle de Font-Romeu dont il prétend les
« dépouiller par des entreprises et voies de fait
« qu'il intente journellement pour s'en attri-
« buer la direction en seul   ... ...
... ...

« La communauté et pour elle les sindics se
« disent patrons de la dite chapelle et comme
« tels ils prétendent défendre les droits de la
« chapelle.

« Fait à St^e-Léocadie, 20 Octobre 1763. » [1]

Quels étaient ces *privilèges*, ces *titres* et ces *droits* dont se réclament la communauté d'O- dello et pour elle ses syndics ? Étaient-ils fondés sur des actes légitimes et certains, sur des documents authentiques et publics ?

Il n'en existe nulle part la plus légère trace. La seule intervention de la communauté séculière d'Odello dans l'Administration de *l'Œuvre de Font-Romeu* se réduisait à la présence de son bayle et de ses consuls, dans l'assemblée générale du Conseil, le jour de la reddition des comptes, par la concession purement gracieuse de l'Autorité ecclésiastique et à la seule fin de donner plus de publicité et de garantie au bon emploi des revenus.

---

1. ARCHIVES DÉPARTEMENTALES. Série C. 2077.

Nous sommes mieux renseignés sur les *entreprises et voies de fait*, dont les syndics se plaignent et que l'abbé *Colomer*, Curé d'Odello, *aurait intentées journellement* contre la communauté séculière, pour s'attribuer, à l'exclusion de tous autres, la direction de l'*Œuvre de Font-Romeu*. Grâce à l'excessive complaisance des *Pabordes* et autres administrateurs de l'Œuvre, celle-ci était devenue, dès le XVIIe siècle, mais plus particulièrement au XVIIIe, une sorte de banque paroissiale, où chacun venait puiser, en cas de nécessité. Il y a telle année, où les emprunts s'élèvent à NEUF CENTS LIVRES; et les sommes dues, de ce chef, à *l'Œuvre de Notre-Dame*, vers la fin du dernier siècle, atteignent le chiffre de 2210 LIVRES. Les noms des débiteurs sont connus ; mais rien ne prouve que ces sommes aient été remboursées (1).

Les Évêques d'Urgel, qui exerçaient fidèlement leur contrôle, par eux-mêmes ou par leurs délégués, sur *l'Œuvre de Font-Romeu*, ayant découvert cet abus, résolurent de l'abolir. A diverses reprises, ils enjoignirent aux curés d'Odello, sous des peines sévères, de le faire cesser. Leurs prescriptions rigoureuses exé-

---

1. Les sommes prêtées étaient fidèlement inscrites sur le Livre de l'Œuvre. Ces emprunts n'étaient souvent consentis que par acte.

cutées, sans doute avec plus de fermeté, par l'abbé *Colomer*, lui suscitèrent ce procès, de la part de la communauté séculière d'Odello.

Chose étrange et digne d'être relevée, les syndics nommés pour poursuivre cette affaire contre *l'Œuvre de Font-Romeu* et son principal administrateur, en gens avisés, introduisirent auprès de l'Intendant du Roussillon, une requête, à l'effet d'obtenir l'autorisation de prendre, dans la caisse même de l'Œuvre, les fonds nécessaires pour soutenir contre elle leur action. Ils ne pouvaient être plus malins. Mais toutes leurs démarches demeurèrent sans résultat. Ils furent déboutés de leur demande et perdirent le procès.

L'Œuvre de Font-Romeu garda son caractère et son administration propre et elle n'eut à subir qu'une dépense de *cinquante-deux francs* (52 f.), pour la défense des droits du Sanctuaire ([1]). Ce n'était pas payer trop cher l'heureuse issue du conflit.

---

1. LLIBRE DE COMPTES B. fol. 110 recto ad an. 1767. Dépense de 52 francs. *per defençar lo dret del santuari sobre un proces.*

CHAPITRE TROISIÈME.

Contrôle et ordonnances des Évêques d'Urgel sur l'Administration de FONT-ROMEU.

I. — Juridiction et visites des Évêques d'Urgel ; visiteurs délégués. — II. Ordonnances de Mgr DE GUINDA Y APEZTAGUI sur les diverses parties de l'Administration de l'Œuvre. — III. Approbation et confirmation des mêmes par le Dr MICHEL AYMAR, official et visiteur, au nom de Mgr SÉBASTIEN DE VICTORIA EMPARAN Y LOYOLA. — IV. Ordonnances de Mgr CATALAN Y DE OCON. — Règlement pour le vicaire de FONT-ROMEU ; modifications opérées par Mgr DE XATIVA. Dernières visites épiscopales. Suspension du culte à FONT-ROMEU.

E traité de Llivia, du 12 novembre 1660, qui coupa la Cerdagne en deux parties inégales, laissant l'une à l'Espagne et détachant l'autre pour la réunir à la Province du Roussillon et à la France (¹), ne changea pas, sous le rapport de la juridiction spirituelle, les limites du diocèse où celle-ci se trouvait alors comprise.

Quoiqu'elle fût devenue française, cette partie orientale de la Cerdagne continua d'être

---

1. ALART, *Notices historiques*, 11ᵉ série, p. 106.

soumise à l'Évêque d'Urgel, à qui le Roi de France accorda toute liberté pour la visite de cette portion de son troupeau, exigeant seulement qu'il désignât, comme administrateur du territoire annexé, un vicaire-général et official *régnicole* (1).

Louis XIV demanda même, à diverses reprises, que les visites des évêques d'Urgel se fissent avec l'exactitude prescrite ; et l'on peut dire, à la louange des prélats espagnols, que, fidèles aux saints canons plus encore qu'aux désirs du grand monarque, ils se montrèrent jaloux de remplir, sur ce point, leur devoir.

Aux cours de leurs visites régulières dans la Cerdagne française, ils donnèrent la preuve constante de leur dévouement et de leur piété au sanctuaire de FONT-ROMEU ; et lorsque l'*Œuvre de Notre-Dame* fut constituée, ils exercèrent sur elle un contrôle consciencieux et déployèrent, à son sujet, tout leur zèle et toute leur sollicitude, ne dédaignant pas de descendre aux détails les plus minutieux en apparence de son administration et prenant au besoin des mesures que l'esprit plus relâché et trop libéral de notre temps trouvera sans doute sévères.

Pour ne pas remonter au-delà du XVIIe

---

1. ARCHIVES DÉPARTEMENTALES. Série c. 1354.

siècle, *Mgr Paul Duran* venait déjà, en 1637, troisième année de son épiscopat, au modeste oratoire de Notre-Dame et accordait quarante jours d'indulgence à tous les pèlerins qui le visiteraient ([1]). Il ne pouvait encore faire acte d'autorité, au sujet de l'administration de Font-Romeu, qui n'était pas organisée, à cette heure.

Après l'annexion de notre Cerdagne à la France, le contrôle à exercer sur l'*Œuvre*, alors existante, se trouve naturellement compris dans les attributions de l'official ou délégué *régnicole* de l'Évêque d'Urgel. L'abbé *Raphaël Solallonch*, curé de Caldégues, le même qui était chargé de pouvoir de l'Abbaye de Saint-Martin du Canigou et qui a fait don à l'œuvre de Font-Romeu du *Livre de comptes B*, est le premier à remplir cet office de *procureur juridictionnel*, où il dut être maintenu jusqu'à sa mort ([2]).

Les instructions dictées par Louis XIV sont ponctuellement observées durant sa vie. Mais à sa mort, les Évêques d'Urgel s'affran-

---

1. Camos : *Jardin de Marie.*
2. Déjà curé de Caldégues, en 1666, l'abbé *Solallonch* remplit encore la charge d'official ou de *procureur juridictionnel* de l'Évêque de la *Seu* d'Urgel, en 1681.   Archives d'Odello.

chissent de cette obligation ; et, si l'on excepte le Docteur *Michel Aymar*, curé d'Angoustrine, official de la Cerdagne française et visiteur délégué de *Mgr Sébastien de Victoria Emparam y Loyola*, en 1748, la juridiction spirituelle a été exercée et les visites faites, pendant tout le XVIIIe siècle, ou par les Évêques en personne ou par des délégués pris dans leur propre clergé espagnol. —

II. C'est Mgr de *Guinda y Apeztagui* qui ouvre cette nouvelle voie ([1]). Dans les deux jours qui suivent la mort de Louis XIV, ce zélé prélat, à peine nommé depuis un an Évêque de la Seu d'Urgel, désigne, comme official et visiteur de la Cerdagne française, le prêtre *Raymond Mosses*, docteur en théologie et membre de la collégiale de Sainte-Marie de Puigcerda, et il lui donne délégation pour s'informer de quelle manière sont administrés les biens et aumônes de Notre-Dame de Font-

---

1. *Siméon de Guinda y Apeztagui*, né à Esparza, village de Navarre, devint tour à tour chanoine de Roncevaux, abbé de San Isidoro de Léon et évêque d'Urgel en 1714. Un des premiers actes de son pontificat fut de changer le Rituel du diocèse. Il soutint de nombreux procès contre son clergé, convoqua un synode à la *Seu*, en 1726, et mourut, le 28 août 1737, à San Julia, village de la vallée d'Andorre, où il se trouvait en visite pastorale.
Histoire Générale de Languedoc. Édition Privat, t. IV (*Note Bladé*).

Romeu. S'étant rendu compte de la situation, celui-ci, dans l'acte de sa visite, prescrit d'observer et de garder les statuts suivants, rédigés par mandement et sous les yeux de son Évêque.

Administration temporelle et comptabilité :

Article I. — *Il est ordonné et mandé au R*^{t} *Recteur et aux Pabordes de l'œuvre de Font-Romeu, qui sont aujourd'hui et seront à l'avenir, d'établir les comptes des entrées et sorties, point par point, en détail et avec clarté, et la balance annuelle du doit et avoir, sous peine d'une amende de dix livres et subsidiairement d'excommunication.*

Art. II. — *Il est mandé au R*^{t} *Recteur et aux Pabordes de rédiger un mémoire ou inventaire de ce qui est dû à l'*œuvre de Font-Romeu, *avec consignation du nom du débiteur et de son obligation écrite, si elle existe. Cette formalité sera observée, tous les ans, et le mémoire continué après la reddition des comptes, sous peine d'une amende de dix livres et subsidiairement d'excommunication. Les amendes seront appliquées à l'*œuvre de Font-Romeu.

Art. III. — *Il est mandé au R*^{t} *Recteur et aux Pabordes d'ouvrir un autre registre où* seront décrits tous les présents, joyaux (¹) et ornements qui seront dans la chapelle, avec la déclaration du nom de la pieuse personne qui aura fait le don et de la qualité de celui-ci. Cet inventaire sera fait, tous les ans, sous peine d'une amende de dix livres et subsidiairement d'excommunication.

Art. IV. — *Il est mandé au R. Recteur et aux Pabordes, au sujet du blé, de la laine et des autres denrées, qui seront donnés ou recueillis au profit de la chapelle, de noter l'époque et le prix de la vente qui en sera faite, sous peine d'une amende de trois livres et subsidiairement d'excommunication.*

Art. V. — *Il est mandé aux Pabordes, qui sont aujourd'hui et qui seront à l'avenir, de rendre, par devant le R. Recteur, un fidèle et loyal compte de la vente du pain, du vin, des viandes et autres provisions qui seront vendues dans la maison de* Font-Romeu, *sous peine d'une amende de dix livres et subsidiairement d'excommunication.*

RÈGLEMENT DE L'ERMITE ET POUVOIRS
CONFÉRÉS AU CURÉ.

Art. VI. — *Il est mandé à l'ermite ou aux ermites, qui seront attachés à la maison de*

---

1. *Alajas ou Alhajas.*

Font-Romeu, de remplir leur office en tout amour et charité, de se dévouer au progrès de l'Œuvre, n'oubliant point la fin de leur emploi qui est de se sacrifier et de se livrer tout entiers au service de notre Très-Sainte Reine; de même, il leur est enjoint de rendre un bon et loyal compte de tout ce qui leur sera donné par les pieux dévots, dans leurs quêtes, qu'ils feront en toute diligence et charité, avec le moins de frais possible, en toutes modestie, humilité et bonnes paroles, dignes de l'habit qu'ils revêtent et du nom qu'ils empruntent à la Reine très sainte ; et, quant au bon et loyal compte de leurs quêtes, il est ordonné que les ermites soient renvoyés de la maison de Font-Romeu, à la moindre occasion où ils seraient convaincus de fraude, de tromperie ou bien de n'importe quelle action scandaleuse. Il est en outre ordonné au R. Recteur de leur faire lecture de cet article à leur entrée en fonctions et de les obliger par serment à observer et garder ce règlement.*

A<small>RT</small>. VII. — *Et comme ces ordonnances seraient vaines, si elles ne devaient pas être mises à exécution, désirant que les présentes soient observées et pratiquées pour la plus grande gloire de Dieu et de Marie très sainte, l'Illustrissime Seigneur Évêque donne faculté et pouvoir au R. Recteur, qui est aujourd'hui et à ceux qui seront à l'avenir, pour qu'ils les fassent observer et particulièrement pour qu'ils recouvrent tant de dettes, donne encore faculté au dit Recteur, pour que,* MATURE ET IN TOTA CIRCUMSPECTIONE (1) RE MATURE CONSIDERATA, *il puisse ordonner de les payer sous peine d'excommunication, et après les formalités voulues passer à la déclaration d'excommunication. Dans les cas graves il consultera le Supérieur, chargeant sa conscience pour tout ce que dessus.*

Donné, en acte de visite, dans la maison de Font-Romeu, le 17 7bre 1715.

D. Mosses, official et visiteur (2).

Monseigneur *de Guinda*, dont le zèle actif veille à tout, ne se croit pas déchargé, par cet acte, de toute autre sollicitude, au sujet de Notre-Dame, et, le 7 août de l'année 1721, en cours de visite pastorale, il porte, au lieu même de Font-Romeu, une seconde ordonnance que je n'hésite pas à publier, parce qu'elle offre un réel intérêt :

---

1. *Mûrement et en toute circonspection, la chose mûrement considérée.*
2. L'acte, rédigé en catalan, a été collationné à Saillagouse le 11 juin 1772, chez M. Galard, notaire. V. Llibre de comptes B. *Fol. 37, recto et verso.*

« Nous, D. Siméon de Guinda et Apezta-
« gui, évêque d'Urgel et prince souverain des
« vallées d'Andorre etc., etc.

« Considérant que l'ordonnance portée, en
« notre nom, le 17 septembre 1715, sur l'ad-
« ministration de N.-D. de Font-Romeu, par
« le visiteur délégué, n'a pas été fidèlement
« observée, et attendu que, par l'inobservation
« de cette ordonnance, l'œuvre de Font-Ro-
« meu a subi de réels préjudices, statuons à
« nouveau, ordonnons et mandons ce qui
suit :

1° *Tout argent qui sera produit pour la chapelle de Font-Romeu, quelle qu'en soit la provenance, sera déposé dans une caisse à deux clefs, dont l'une sera remise au Curé d'Odello ou au régent du bassin des âmes de la dite paroisse, et l'autre, à l'un des deux Pabordes séculiers de la chapelle de Font-Romeu, avec défense expresse d'en extraire la moindre somme, sous peine de suspense,* ipso facto incurrenda (1), *pour le Curé d'Odello et d'interdit personnel dans la paroisse d'Odello et Font-Romeu pour les Pabordes. Cependant la faculté est laissée au Curé et aux Pabordes de retenir l'argent nécessaire à l'administration de la sainte*

---

1. A encourir par le seul fait.

chapelle, jusqu'à concurrence de la somme de cent francs.

2° Attendu que l'absence de tout prêtre de l'ermitage prive les fidèles des secours spirituels, pour obvier à cet inconvénient, il est ordonné au vicaire de la paroisse d'Odello de résider à Font-Romeu, tout le temps que les Pabordes ont coutume d'y résider eux-mêmes. Il recevra toutes les aumônes, dont il devra tenir une note exacte, sous peine de suspense IPSO FACTO INCURRENDA, afin que les droits du Curé soient maintenus dans leur intégrité. L'entretien du vicaire sera à la charge de la chapelle. Il lui est expressément recommandé de veiller à ce que non seulement les employés et domestiques de la maison, mais encore toutes les personnes qui viendront à Font-Romeu parlent et agissent avec la réserve chrétienne que commande un sanctuaire si vénéré ([1]).

3° Pour que les Pabordes puissent librement remplir leurs obligations, nous ordonnons que, pendant tout le temps que le vicaire et les Pabordes résideront à Font-Romeu, l'on prenne à gages deux femmes d'un âge mûr, honnêtes et habiles à donner leurs soins au vicaire, aux

---

1. *Parlen et obren ab totas las atencions christianas aque convida dit santuari de tanta veneracio.*

Pabordes et aux pieux fidèles qui viendront à Font-Romeu.

4° Pour favoriser la bonne conservation du mobilier de l'ermitage qui a été négligé jusqu'à ce jour, nous ordonnons qu'il soit fait un inventaire de tous les meubles et que les objets du culte soient mis à part, que l'on fasse construire sans retard les armoires et garde-robes nécessaires, avec leurs serrures et leurs clefs, et que chaque chose soit mise en son lieu et place.

5° Nous autorisons le Curé et les Pabordes à vendre toutes et quantes offrandes qui ne sont ni utiles ni nécessaires à la chapelle et qui FACILE DIUTURNITATE TEMPORIS PEREUNT ([1]), *et à en appliquer le produit à la chapelle de l'ermitage.*

*6° Afin d'éviter autant qu'il est possible **tout** ce qui serait une offense de Dieu Notre-Seigneur, nous défendons à tout prêtre de prendre le repos, dans n'importe quel appartement habité par une ou plusieurs femmes ; nous défendons de danser, de chanter des chansons trop libres, dans la maison ou dans ses environs, sous peine de suspense,* IPSO FACTO INCURRENDA, *pour les prêtres et pour tout fidèle, sous peine d'une amende de cinq livres barcelonaises.*

---

[1]. Qui facilement dépérissent par le cours du temps.

7º. Le Curé et les Pabordes sont chargés de prévenir toute dispute et de nous informer, Nous ou notre vicaire-général des actions dignes de répression et de châtiment, qui auraient été commises à Font-Romeu.

8º. Nous portons défense au Curé, Vicaire et Pabordes d'inviter, aux frais de l'ermitage, les personnes qui ne rendraient pas un réel service à l'Œuvre, de donner ou de vendre à vil prix, ni provisions ni victuailles d'aucune sorte, sous peine d'une amende de dix livres.

9º. Nous ordonnons que les provisions de l'ermitage soient faites, dans le temps, la manière et la forme qui paraîtront le plus utiles, et que le Curé, les Pabordes et le Vicaire confèrent ensemble, à ce sujet, et procurent, d'un commun accord, la meilleure exécution de ce point.

10º. Nous ordonnons aux Curé et Pabordes d'acquérir, le plus tôt possible, les lits, bancs et ustensiles nécessaires, attendu que l'Œuvre a des fonds disponibles.

11º. Nous ordonnons aux Pabordes, qui entrent en fonction, de rédiger un état de tout ce qui leur est livré, à leur entrée en charge, et de laisser ce même état à leurs successeurs, sous peine d'une amende de dix livres pour chacun.

Et afin que l'on ne puisse prétexter l'igno-

rance de cette ordonnance, nous mandons au Curé d'Odello d'en faire publiquement lecture, à l'église d'Odello, pendant trois jours de fête et lorsque le concours des fidèles sera le plus considérable, et, à Font-Romeu, les jours des plus grands concours et toutes les fois qu'il conviendra.

En acte de visite, à Font-Romeu, le 7 Août 1721.

Siméon, év. d'Urgel.
Secrétaire D. Jean Ignace de Adot (1).

Un point d'administration avait encore échappé à la prévoyance de Mgr *de Guinda*. C'est la délicate question des messes et des honoraires.

Il la régla, dans la visite du 27 août 1733, par une troisième ordonnance, qui prescrit au Curé d'Odello, à son vicaire et à tout prêtre, qui recevrait des messes, à Font-Romeu, en l'honneur de Notre-Dame, de les célébrer dans son sanctuaire même, les obligeant à restituer, sous peine de péché mortel, l'aumône reçue, si la messe était célébrée à Odello ou ailleurs. Il fixa, par le même acte, à six sous barcelonais, l'honoraire attribué au Curé et au vicaire d'Odello, pour venir célébrer la sainte Messe,

---
1. Llibre de Comptes B. fol. 45-48.

à Font-Romeu, les jours de dimanche et de fêtes d'obligation. Monseigneur *de Guinda* était accompagné, dans cette visite, de *D. Augustin Villaplana* ([1]).

Toutes ces mesures aboutirent sans doute au résultat que le Prélat s'était proposé, et, le 12 septembre 1736, dans une dernière visite, à Font-Romeu, il n'eut qu'à approuver purement et simplement les comptes des années 1733, 1734 et 1735 ([2]).

Trois ans plus tard, son successeur Monseigneur *Jorge Curado y Torreblanca* ([3]) trouve encore les choses dans l'état et se borne à mettre son *Vu* aux comptes du Sanctuaire ([4]).

III. — Mais les abus primitifs ne tardent pas à se renouveler, et, le 18 septembre 1748, Monseigneur *Sébastien de Victoria Emparan*

---

1. IBID., fol. 73-77.
2. IBID., fol. 79.
3. *Jorge Curado y Torreblanca*, natif de Lucéna, en Andalousie, était fils du marquis de ce nom. Il étudia, à Salamanque et à Cuença, devint professeur à l'Université de Grenade, inquisiteur de la même ville et enfin évêque d'Urgel, en 1738. La santé chancelante de ce prélat le força d'abandonner la direction de son diocèse au chanoine *Miguël Pujol* et à *Antonio Fortunio*, vicaires-généraux. Il se retira, à Lucéna, dans sa famille, et mourut, le 5 juillet 1749. *Torreblanca* s'était démis de ses fonctions épiscopales *(Note Bladé)*.

4. *Vidi computa Sanctuarii Bᵉ Mᵃ Virginis de Font-Romeu annorum 1736, 1737, 1738. Vidi Georgius ep. Urgelles.* LLIBRE DE COMPTES B. *fol. 82. verso.*

y Loyola (¹), en acte de visite, à Sainte-Léocadie, après avoir vu et approuvé les comptes de Font-Romeu, pour la présente année, mande au Curé et aux Pabordes du lieu d'Odello d'exiger le paiement des dettes, qui résultent, pour la Chapelle, des comptes des années écoulées, sous peine d'être déclarés eux-mêmes responsables (²), et il charge le docteur *Michel Aymar*, curé d'Angoustrine, son Official et Visiteur délégué de la Cerdagne française, pour cette même année, de veiller à l'exécution de son mandement.

Sans différer, le docteur *Aymar* remplit sa mission, et, le 29 du même mois, il se rend à Font-Romeu, renouvelle l'ordonnance portée par Mgr *de Guinda*, en 1733, au sujet de la célébration des messes, et prescrit en outre d'ouvrir un grand livre, où doivent être notées toutes les messes qui seront données, pour être célébrées dans le Sanctuaire, défendant au

---

1. *Sébastien de Victoria Emparan y Loyola*, natif de Biscaye et religieux de l'ordre de Saint-Jérôme, avait rempli diverses fonctions monastiques et notamment celle de prieur de l'Escurial, avant d'être fait évêque, en 1747. Il mourut à Guissona, le 2 octobre 1557 *(Note Bladé).*

2. *Sanctæ Leocadiæ 18 septembris 1748. Vidimus approvamus* (sic) *et mandamus R^do Rectori et consulibus loci de Odello : ut exigant quantitates ex præteritis computis erga capelam resultantes; aliàs ipsos ex omissione teneri ad damna declarabimus; dat. in actu visitationis.*
    Sebastianus cp. Urgel.
  Llibre de Comptes B. fol. 90 recto:

Curé, au Vicaire et aux Pabordes d'en ouvrir aucun autre, sous peine d'excommunication majeure, *ipso facto incurrenda*, pour l'Administration, d'une amende de cinquante livres françaises, applicables aux ornements de la Chapelle, pour le Curé, et de suspense, *ipso facto incurrenda*, pour les autres prêtres. D'après cette ordonnance, l'on doit justifier la célébration de chaque messe par un reçu, qui sera présenté, avec le grand livre, au Visiteur, aux environs de la Toussaint ([1]).

Le Curé et le vicaire d'Odello sont autorisés à donner des honoraires aux curés voisins, pourvu que les messes soient célébrées devant l'Image de Marie et que note soit prise des messes et des aumônes y affectées. — En même temps, défense est faite à tout prêtre étranger de recevoir des honoraires, des mains des fidèles, à FONT-ROMEU, ou dans ses dépendances. — L'Administrateur est autorisé à en fournir, avec l'agrément du Curé, aux prêtres qui viennent passer quelques jours, à FONT-ROMEU, *par dévotion ou dans un but d'honnête récréation* ([2]). Aux jours d'*aplechs*, l'Administra-

---

1. A cette époque, de *six à huit cents* messes étaient données, tous les ans, par les fidèles, pour être célébrées à FONT-ROMEU.
2. *Per sa devocio o honesta recreacio tant solament.*

teur peut confier à un prêtre le soin de recueillir les messes qui sont offertes.

Signé : *Aymar* Offi. et Visit.
Par mandement du dit Visiteur,
R^d *Estève Sarret*, secrétaire.

IV — Près de dix ans s'écoulent, sans qu'il soit fait mention d'aucune vérification des comptes. Mais à la mort de Mgr *de Victoria*, Mgr *Catalan de Ocon* (¹), qui lui succède, après avoir été vicaire-général de Mgr *Curado*, à la *Seu* (²), prouve, par son empressement à visiter Font-Romeu, qu'il n'a pas perdu le souvenir de ce lieu béni et aimé. L'année même qui suit sa prise de possession, il vient se reposer, au Sanctuaire, des fatigues de sa première tournée pastorale. Il s'y trouve, le 28 août 1758. Sa première journée est consacrée tout entière aux joies de la piété et il accorde quarante jours d'indulgences à tous

---

1. *Francesco José Catalan de Ocon* fut d'abord chanoine *del Sacramento* de Grenade et ensuite vicaire-général de *Curado*, évêque d'Urgel. Il retourna à Madrid, après la mort de ce prélat, et fut chargé, par Ferdinand VI, de classer les titres relatifs aux propriétés royales. Il prit possession du siège d'Urgel, le 6 mai 1757, par l'intermédiaire d'un délégué. Il mourut, le 8 septembre 1762 (*Note Bladé*).
2. Par le mot de *Seu*, qui vient du latin *sedes*, l'on désigne communément, en Catalogne, le siège d'Urgel. On prononce *Séou*.

ceux qui diront dévotement un *Ave Maria* à *Marie Très-Sainte de* Font-Romeu. Il réserve, pour les jours suivants, les devoirs proprement dits de la visite pastorale. Prétextant de ne pouvoir examiner à loisir les comptes des années précédentes, et, ne trouvant pas encore arrêtés ceux de l'année courante, Mgr *Catalan* donne commission à l'Official de la Cerdagne française de faire transcrire et ordonner les comptes et de les approuver, s'ils sont en règle. Il mande également à l'Administrateur du Sanctuaire [1], au Curé, aux Pabordes, régisseurs et autres intéressés aux dits comptes, de les mettre en règle, dans l'espace d'un mois, sous peine d'une amende de cinq livres, pour chacun, et subsidiairement, d'excommunication majeure [2].

Le 6 du mois de septembre, étant encore à Font-Romeu, il y rétablit le Vicaire, que des raisons d'ordre disciplinaire avaient fait momentanément supprimer, et lui prescrit un règlement spécial, par l'ordonnance dont voici en substance la teneur.

---

1. Un administrateur avait été adjoint aux Pabordes, dès l'année 1733.
2. Llibre de Comptes B, fol. 98 recto.

« Le Vicaire de Font-Romeu sera nommé directement par l'Évêque d'Urgel ; il ne doit pas être d'Odello.

« Il aura sa demeure dans la maison de la sainte Vierge, d'Odello, depuis la Saint-André jusqu'à Pâques. Le reste de l'année, il habitera Font-Romeu, et il ne pourra le quitter qu'avec le consentement du Curé, des Pabordes et de l'Official de la Cerdagne. En cas d'absence ou de maladie, il sera remplacé.

« Il aura, à Font-Romeu, un appartement convenable, le bois pour le chauffage et vingt écus de trois francs, comme traitement, payables, les dix premiers, à la Toussaint, et, les dix autres, à l'Invention de la Sainte-Croix, au mois de Mai.

« Les meilleurs honoraires de la Chapelle lui seront également réservés. Il dira la messe, tous les jours, à une heure convenable, pour se mettre à la portée des pieux pèlerins.

« Il leur donnera quelques instructions et administrera les sacrements. Dans ses instructions, il insistera sur la nécessité de la modestie et du bon exemple, durant le pèlerinage et le temps que les pèlerins passeront à Font-Romeu.

« Il ne devra pas s'immiscer dans l'Administration temporelle de la Chapelle.

« Il veillera à ce qu'il n'y ait pas de désordres à Font-Romeu ; il les réprimera, en cas de besoin, et il informera les *justices*, s'il ne pouvait pas lui-même remédier au mal.

« Il usera d'ailleurs de beaucoup de prudence et il vivra de manière à édifier tous les pèlerins.

« Il recevra les messes que les fidèles voudront offrir. Il en tiendra un compte exact, sous réserve de tous les droits, pour le Curé d'Odello.

« Quand il devra quitter le séjour de FONT-ROMEU, il pourra célébrer les messes qu'il se sera réservées, en vertu de notre autorisation, à l'autel-majeur de la paroisse d'Odello, à une heure laissée libre par les fonctions paroissiales, sans que le Curé d'Odello puisse s'y opposer (¹).

« Les quêtes faites par les Pabordesses doivent être également appliquées à l'*Œuvre de Font-Romeu*, et défense est faite de distraire quoi que ce soit de ses revenus,

---

1. *En lo altar major de la parroquial ahont esta collacada la imatje de N^{tra} S^{ra} que diuhen ser la apariguda, en hora que no impedexa las foncions parroquials.*

pour l'attribuer à l'Œuvre de Saint-Martin d'Odello. »

Pour montrer une fois de plus avec quelle sollicitude les évêques d'Urgel veillaient à la bonne administration et au bon ordre de Font-Romeu, Mgr *Catalan* portait encore, le 10 mai de l'année suivante, en son palais épiscopal, une nouvelle ordonnance, touchant les messes que certains prêtres détournaient de FONT-ROMEU.

Mgr *de Xativa* (1), son successeur, ne se montre pas moins zélé. L'année qui suit sa prise de possession, le 8 septembre 1764, il fait, comme ses prédécesseurs, sa visite au Sanctuaire. Il vise et modifie, dans le sens de la modération, les ordonnances portées, en 1715, 1721 et 1733, par Mgr *de Guinda* et son délégué. Entre autres choses, il prescrit que la vente des joyaux et dons offerts par les fidèles ne puisse être faite, sans la permission expresse de l'Évêque; il réduit les peines déterminées en certains cas ; il autorise, à son tour, le Curé et le Vicaire d'Odello à célébrer, dans l'église paroissiale, les messes

---

1. *Francesco Fernandez de Jativa*, curé de Saint-Just, à Madrid, prit possession du siège d'Urgel, le 6 mai 1763. *Note Bladé. Histoire Générale du Languedoc.* Ed. Privat, *t. IV, p. 911.*

qui n'ont pu être dites à Font-Romeu, et il ordonne qu'au son des cloches, annonçant la prière, l'on dise, à haute voix, le Rosaire, dans la Chapelle ; que l'on chante le *Salve*, les Litanies et oraisons correspondantes, tout à l'honneur et gloire de Dieu Notre Seigneur et de sa très sainte Mère, pour le soulagement des âmes des dévots défunts et l'accroissement de la dévotion au cher Sanctuaire (1).

Le 27 mai 1768, il renouvelle et approuve encore les ordonnances portées, le 10 mai 1759, par son prédécesseur. Le 22 août suivant, la visite est faite, une dernière fois, en son nom, par le docteur *Garcia*, chanoine et vicaire-général et le docteur *Jérôme F. Fuentes* secrétaire (2).

Les autres évêques, qui se succèdent jusqu'à la Révolution française, sont également fidèles à faire la visite de Font-Romeu.

Le 15 septembre 1773, Mgr *Joachim Santiyan y Valdiviesa* (3) approuve sur place les comptes de l'*Œuvre*, et le même acte est

---

1. Llibre de Comptes B. fol. *104-106*.
2. Ibid., fol. 110 recto.
3. *Joaquin de Santiyan y Valdiviesa* prit possession du siège d'Urgel, le 7 janvier 1772, et devint plus tard archevêque de Tarragone (*Note Bladé*).

accompli par Mgr *José de Boltas* (¹), le 16 octobre 1785 et le 29 août 1788 (²).

Le Sanctuaire de Font-Romeu reste encore ouvert aux fidèles, pendant les quatre années qui suivent. Mais, le 25 avril 1793, le Procureur-Syndic de Prades envoie l'arrêté du Directoire, ordonnant de retirer, à l'instant, les meubles et les effets de tout genre qui se trouvent, à Font-Romeu, et de les transporter à Prades, *sans cependant exposer la force que l'on pourrait être dans le cas de requérir pour cette expédition.*

Ces dernières paroles, qui accompagnent l'envoi de l'arrêté directorial, révèlent l'état des esprits et l'exaspération où les jeta cet acte sacrilège. Il y avait tout à craindre, de la part des chrétiennes populations de la Cerdagne, si profondément attachées au Sanctuaire de Marie ; et ce fut, pour elles, une cruelle douleur de voir brutalement dépouiller et fermer cette sainte Chapelle, qui, pendant plus de cent ans, leur avait été ouverte, même la nuit ; et tant que dura le régime infernal de 93, l'on put

---

1. *José de Boltas*, né à Oran, était religieux de l'observance régulière de Saint-François. Il prit possession, le 31 mai 1785 *(Note Blade)*.
2. Llibre de Comptes, B.

dire de Font-Romeu, ce que le Prophète avait dit de Sion : « Ses voies, jusque-là si joyeuses, « si animées, pleurent maintenant, parce qu'on « ne vient plus aux solennités ; ses portes sont « fermées. Lui-même est plongé dans l'amer- « tume, parce que ses ennemis ont prévalu. »

LIVRE QUATRIÈME.
Histoire contemporaine.

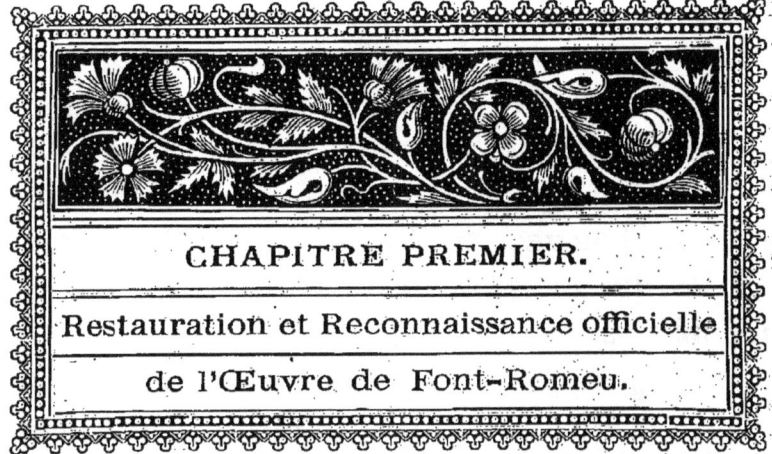

CHAPITRE PREMIER.

Restauration et Reconnaissance officielle de l'Œuvre de Font-Romeu.

I. — FONT-ROMEU, pendant la Révolution: Décret impérial de 1806 ; ordonnance de Mgr DE LAPORTE, évêque de Carcassonne ; maintien du caractère primitif de l'*Œuvre*.

II. — Le 8 Septembre, à FONT-ROMEU, dans la première moitié du XIXe siècle; nouvelle tentative de la communauté séculière d'Odello ; Droit de propriété reconnu à l'*Œuvre* par l'État.

E peuple chrétien se conforma-t-il d'une manière absolue au brutal décret qui avait ordonné la fermeture du Sanctuaire ? Il n'y a pas lieu de le supposer. Le culte public était sans doute supprimé (¹). L'on n'eût pu, sans danger, tenir, comme aux beaux jours de la liberté, les *aplechs* et les fêtes solennelles. Mais il est des

---

1. L'abbé *Antoine Ferrer*, curé d'Odello, depuis 1772, quitta sa paroisse, en 1792, pour ne pas prêter serment. Il y rentra, en 1797, et s'absenta de nouveau. Il ne revint qu'en 1800, pour y reprendre son service, qu'il remplit jusqu'en 1803.

choses que toute la violence des lois injustes ne peut arracher des cœurs chrétiens : ce sont la foi et l'amour. Tant que dura la tyrannie de l'impiété, le peuple ne vint plus, en grandes foules, si l'on veut, rendre ses devoirs à la Mère et Reine Très Sainte de Font-Romeu. Il n'oublia pas cependant les sentiers qui l'avaient conduit jusque-là à ses réunions réjouissantes ; et, si quelque agent secret de la sûreté était allé, de temps en temps, faire l'inspection des lieux et veiller à l'intégrité des sceaux de la Nation, apposés aux portes du Sanctuaire, il n'eût pas manqué de rencontrer des groupes de pieux fidèles, prosternés et collés à leurs seuils profanés.

Il y avait d'ailleurs encore la Fontaine et la Piscine, que le décret du Directoire n'avait pas scellées. Le peuple savait que le pouvoir de Marie n'avait été ni lié ni suspendu par l'iniquité des hommes, et il continua de demander aux eaux de la source bénie, qui parlaient seules alors dans cette solitude, le soulagement et la guérison de ses infirmités, se réservant de rendre grâces des bienfaits reçus, au pied de la sainte Image, conservée à Odello.

Cette situation lamentable dura douze ans. Elle ne cessa même pas immédiatement après le rétablissement du Culte. Le Concordat de 1801, qui, comme l'on sait, avait aboli l'ancienne circonscription des diocèses et créé une nouvelle France ecclésiastique, avait supprimé l'évêché d'Elne ou de Perpignan et placé le département des Pyrénées Orientales sous la juridiction de l'Évêque de Carcassonne.

Mgr de Laporte (¹), désigné pour ce siège, en 1802, ne tarda pas à s'occuper du Sanctuaire de FONT-ROMEU. Sur sa demande, NAPOLÉON, *Empereur des Français et Roi d'Italie*, par un décret, daté du 7 août 1806, déclarait la Chapelle de NOTRE-DAME DE FONT-ROMEU annexe de la paroisse d'Odello et permettait d'y faire exercer le culte, sous la surveillance du Curé ou du desservant dont elle dépendait (²).

---

1. *Mgr Arnaud-Ferdinand de Laporte*, frère du vertueux intendant de Louis XVI, naquit, à Versailles, en 1756. Après avoir reçu le grade de docteur, à Navarre, il fut nommé à l'Abbaye de Jau, en Roussillon, qu'il résigna, pour devenir, en 1781, le vicaire-général de Mgr de Cicé, archevêque de Bordeaux. La Révolution l'obligea de passer en Angleterre. Étant rentré en France, après le 18 brumaire, il fut arrêté, à Bordeaux, par la police. A peine sorti de prison, il fut nommé à l'évêché de Carcassonne et sacré, le 8 septembre 1802.
PIERRE PUIGGARI, *Catalogue biographique des Évêques d'Elne.*

2. *Décret impérial, 7 août 1806. Chapelle de Font-Romeu affectée au culte sous le titre d'annexe. Ministère des Cultes.*
« Napoléon, empereur des Français et roi d'Italie, sur le rapport
« du ministre des cultes, Nous décrétons et ordonnons ce qui suit:
« ART. 1ᵉʳ Conformément à la demande de l'Évêque de Carcas-
« sonne, il est permis de faire exercer le culte dans la chapelle ci-
« après désignée:

Cet acte restaurateur, qui rendit la joie aux populations pieuses de la Cerdagne, rétablit, du même coup, l'*Œuvre de Font-Romeu*, avec son caractère primitif *d'Œuvre d'Église* et la plaça sous le contrôle direct de l'Autorité épiscopale.

Mgr de Laporte, en cette même année, donna commission à l'abbé *Besombes*, vicaire forain, son délégué, de la réorganiser, et celui-ci, dans l'acte de visite, porta une ordonnance, aux termes de laquelle.

« 1° les Pabordes devaient rendre leurs comptes, tous les ans, le troisième dimanche après Pâques.

« 2°. Ces comptes devaient former deux articles séparés ; le premier, destiné à relater les fonds remis aux Pabordes, soit en argent, soit en denrées, et leur provenance, qu'ils fussent produits par la vente de victuailles ou autrement ; le second, destiné à expliquer l'espèce et la quantité des denrées recueillies par

---

« Diocèse de Carcassonne, département des Pyrénées-Orientales,
« chapelle dite de N.-D. de Font-Romeu, dépendant de la commune
« d'Odello, arrondissement de Prades.

« Art. 2. La chapelle ci-dessus désignée est conservée sous le sim-
« ple titre d'annexe et le culte public pourra y être exercé sous la
« surveillance du curé ou desservant dont elle dépend.

« Art. 3. Notre ministre des cultes est chargé de l'exécution du
« présent décret.

« Signé Napoléon. »

le quêteur ou *applegador* de Font-Romeu et l'usage qui aurait été fait de ces denrées.

« 3º. Le tronc du Camaril devait avoir deux clefs.

« 4º. Enfin les Marguilliers de Font-Romeu ne pouvaient faire aucune grosse réparation, sans la permission du Conseil général de la Fabrique d'Odello (1). »

II. — Cette restauration une fois accomplie, Font-Romeu vit se renouveler l'affluence des anciens jours, la vie, le mouvement, l'enthousiasme des réunions solennelles. Les fêtes d'autrefois furent de nouveau célébrées. La paroisse d'Odello rapporta l'antique Madone au Sanctuaire, le jour de la Sainte Trinité, et vint la reprendre, le 2 Juillet, fête de la *Visitation de Marie*, selon l'ancienne coutume, pour la ramener dans l'église de St-Martin, au chant des cantiques, au son des instruments, au milieu des détonations bruyantes des mousquets et autres armes à feu.

Mais, c'est le 8 Septembre, fête de *la Nativité de la T. S. Vierge*, que Font-Romeu offrait, à vrai dire, le spectacle le plus singulier et le plus pittoresque. Nous n'avons pas l'idée,

---

1. Archives d'Odello. *Livres de paroisse.*

sous le règne de la vulgaire et fastidieuse uniformité, qui a tout envahi, costumes, habitudes et peuples, du coup d'œil que présentait, à cette époque et à pareil jour, le Sanctuaire de FONT-ROMEU. HENRY, dans son *Guide en Roussillon*, très souvent cité ou copié, dans de récents écrits, en a fait la description fidèle, et c'est de lui que je m'inspire, à mon tour, pour réveiller et conserver ce curieux souvenir.

Le 8 Septembre, le pèlerin ou le touriste chrétien qui aurait gagné, dès le point du jour, le plateau de la *Tosca* ou *Padro*, aurait vu des foules innombrables, tressaillant d'allégresse, la prière et le chant sur les lèvres, se diriger, en groupes pressés, par tous les sentiers connus, vers la sombre forêt de la *Calme* et le *Domaine* de *Notre-Dame de Font-Romeu* ; tomber à genoux, devant les modestes oratoires qui marquent, presque au terme des chemins parcourus, la proximité du Sanctuaire ; se relever et reprendre les montures, pour inonder bientôt de leurs flots joyeux, souvent même tumultueux, la Chapelle, la cour intérieure, l'hôtellerie et tous les alentours.

Une fois descendu de *la Tosca*, il avait devant lui, au sein même de cette multitude mouvementée, un tableau vivant, plus fait encore pour le plaisir des yeux, où s'étalait toute la variété des costumes roussillonnais : l'éclatant bonnet rouge du *Catalan*, hélas ! à tout jamais disparu de notre pays ; les sandales légères et les habits de velours noir, vert ou bleu de l'habitant de la *Cerdagne* ou du haut *Conflent ;* la veste et les culottes courtes, en drap gros et sombre, les bas de laine habilement tricotés et apparents et la lourde chaussure de la froide vallée du *Capcir ;* les différentes espèces de coiffures de femmes : l'élégante et riche mantille de l'*Espagnole ;* le ruban de velours, coquettement noué sous le capulet, sur le front de la *Capcinoise*, à la façon des mitrelles antiques des vierges et des matrones romaines ; le foulard de soie, qui couvrait à demi la chevelure lisse de la *Cerdane* et tombait en pointe sur le fichu fixé soigneusement à la taille et qui dessinait le buste, serré dans un corsage de fin drap, de soie ou de velours ; la *Coiffe* si gracieuse de la *Catalane ;* le bonnet plus simple du *Languedoc* et le chapeau, si prosaïque alors, de la *Dame française*, etc., etc.

Il y avait encore pour lui un véritable charme à contempler, non loin de là, sur le vert gazon, au milieu des pins et des rochers de granit, en nombre presque incalculable, les baudets, les chevaux et les mules, abandonnés à eux-mêmes jusqu'à l'heure du départ; les uns, portant de riches selles de femmes, à reins, couvertes de broderies de diverses couleurs, ou bordées en tout sens de longues franges et de crépine de soie cramoisie, avec rosaces, houppes et glands à tous les angles ; les autres, également chargés de selles d'hommes, que la couleur éclatante des housses, la forme des caparaçons, la hauteur des pommeaux et des troussequins, les lanières qui s'entrelaçaient partout dans les harnais, les étriers en bois, les flocs et les pompons, faisaient attribuer aisément à de riches Espagnols ou *Pagès* de l'extrême frontière.

Mais, le côté le plus original, le plus piquant de ce tableau, le moment le plus saisissant de cette scène pittoresque, s'offrait, vers l'heure de midi, lorsque, après la grand'messe, la multitude innombrable, au milieu d'interpellations et d'un va et vient indescriptibles, cherchait à se reconnaître et à se classer par communes, familles ou réunions d'amis, pour prendre sa réfection. Bientôt, divisée en mille groupes et répandue sous les arbres, sur toutes les pentes gazonnées de la montagne, aux abords des fontaines et du ruisseau, au milieu même des sentiers et des chemins, dans toutes les pièces de l'hôtellerie, sous les portiques, sur les marches même de l'église, cette foule reproduisait la fidèle image du repas servi, sur la montagne des Béatitudes, par l'ordre du Sauveur, au peuple que l'irrésistible attrait de sa parole et la puissance de ses miracles attachaient à ses pas.

La variété de ce spectacle ne réjouit plus de nos jours le touriste chrétien. Le même concours, sous le rapport du nombre ([1]), a lieu sans doute encore, le 8 Septembre, à FONT-ROMEU ; mais l'originalité de cette fête a disparu avec les mœurs naïves et la piété du bon vieux temps.

Deux choses surtout ont achevé de la rendre vulgaire ; je veux dire, l'invasion de la classe mercantile, qui encombre, de ses étalages, les abords du Sanctuaire, et la passion effrénée de la danse, qui a fait introduire ce plaisir tumultueux dans ce lieu béni, au jour même de sa plus grande solennité ([2]).

---

1. On n'évalue pas à moins de DIX MILLE les personnes qui se rendent à FONT-ROMEU, à pareil jour.
2. Il est fait mention une première fois de musiciens dans les *Livres de Comptes*, en 1785. Mais ils étaient gagés pour accompagner simplement l'Image de la Vierge, aux sons de leurs instruments, pendant la descente de FONT-ROMEU à Odello, le jour de la Visitation,
Mgr de Laporte ayant appris que des danses avaient eu lieu, à FONT-

Cependant l'*Œuvre de Font-Romeu* ne fut pas maintenue sans difficulté dans son véritable et primitif caractère d'*Œuvre d'Eglise*. La Communauté séculière d'Odello, ou, pour elle, son premier magistrat, essaya de s'arroger, une fois encore, le droit absolu de la diriger et de gérer ses revenus. C'était en 1818. Se disant investi, par le décret impérial du 7 Août 1806, de l'administration générale de FONT-ROMEU, de la Chapelle et de ses intérêts, aussi bien que de l'hôtellerie et de ses dépendances, le Maire d'Odello, trompé ou trompeur, demanda au Sous-Préfet de Prades l'autorisation de réunir extraordinairement le Conseil de la Commune, le Curé de la paroisse et les Marguilliers de la Chapelle de Font-Romeu dûment appelés, à l'effet de nommer un *prévôt à vie* (1), qui serait chargé de la conservation et de l'Administration des biens meubles et immeubles appartenant à l'*Œuvre* désignée.

ROMEU, le 2 Juillet et le 8 septembre 1822, par l'article 3 de l'ordonnance qu'il porta, le 24 septembre de la même année, « défendit « absolument et sous les peines canoniques d'admettre les ménétriers « et de tolérer les danses que l'expérience a montrées être toujours « le sujet des disputes et des troubles qui ont causé malheureuse- « ment trop de scandale.»
    ARCHIVES DE l'EVÊCHÉ DE CARCASSONNE.

 1. C'est d'après les ordres de *Mgr de Laporte* que devait être nommé ce *Prévôt à vie*, appelé *Donat*, en langue vulgaire.

Par cette démarche, où l'habileté était dépassée par la supercherie, notre magistrat, qui avait eu soin de spécifier, dans sa demande, les diverses parties de *l'Œuvre*, dont il se prétendait chargé par le Gouvernement même, ne visait à rien moins qu'à faire reconnaître officiellement sa suprématie administrative sur FONT-ROMEU.

Mais il avait compté sans l'expérience en affaires et l'intégrité du Sous-Préfet, de Prades.

Celui-ci exigea d'abord du maire d'Odello ampliation du décret impérial, dont il voulait subrepticement couvrir son usurpation ; et, sur le vu du décret, le Sous-Préfet, dans un avis tout entier écrit de sa main et approuvé par le Préfet de Perpignan, estima « que le Maire « et le Conseil de la commune n'ont point « qualité pour administrer les biens de l'an- « nexe de Font-Romeu et que cette adminis- « tration appartient au Bureau des Marguil- « liers, sous la surveillance du Conseil de « Fabrique (1). »

Le Maire, déçu dans ses prétentions, conforma-t-il sa conduite à cette décision péremptoire ? Ce serait naïveté de le supposer. Il ne

---

1. ARCHIVES D'ODELLO.

recula point devant un abus de pouvoir, et Monseigneur *de Laporte* se vit forcé de porter son ordonnance du 24 7bre 1822 (1), par laquelle il ordonnait à la Fabrique d'Odello « de nommer immédiatement, comme elle l'avait fait en dernier lieu, un *Donat*, qui, suivant l'usage ancien, administrerait l'Auberge de Font-Romeu et serait, pour les recettes et les dépenses, sous la surveillance de l'Évêque ou celle de la Personne ou des Personnes que celui-ci en chargerait et qui agiraient de concert avec le Conseil de Fabrique d'Odello. La dite nomination de ce *Donat* devait être faite avant la fête de la Toussaint, de la même année, sous peine d'interdit, *ipso facto*, de la dite Chapelle. »

Par la même ordonnance, *Mgr de Laporte* « instituait une commission, chargée d'assister à la reddition des Comptes, qui devait avoir lieu, tous les ans, le dimanche avant la Toussaint et le lundi de la Pentecôte, époques

---

1. Je m'empresse de déclarer que je dois la communication du texte même de cette ordonnance à la bienveillante amitié de M. le Chanoine *Dariez*, curé de St-Vincent, de Carcassonne, et à l'obligeance de M. l'Archiviste de l'Évêché. Cet acte très ferme et très grave est trop étendu pour être reproduit ici, dans toute sa teneur.

auxquelles se fermait ordinairement et se rouvrait la Chapelle.

Cette Commission fut composée de quatre membres : deux ecclésiastiques et deux laïcs, lesquels étaient à la nomination de l'Évêque et de ses successeurs.

« *Mgr de Laporte* nomma, pour entrer en charge sur-le-champ, MM. *Débatènes*, curé de Saillagouse, *Paul Giralt*, curé de Llo, *Delcasso*, juge de paix de Mont-Louis et *Patau*, juge de paix de Saillagouse.

« Les dits membres de la Commission étaient invités à s'assembler, le plus tôt qu'il leur serait possible, pour se concerter sur les moyens les plus propres à parvenir au but que le ferme et vertueux prélat s'était proposé, et à lui faire part du résultat de leur délibération, afin qu'il pût y ajouter, s'il était nécessaire, tout le poids de son Autorité épiscopale. »

Fidèles à leur mandat, les membres de la Commission se rendirent, le 27 octobre suivant, à la *Maison presbytérale d'Odello*, pour assister à la reddition des comptes. Le Maire, prenant la parole, au nom du Conseil assemblé, déclara qu'*il n'entendait recevoir qu'un seul délégué, qu'il était en réclamation sur la susdite ordon-*

nance, et qu'en ce qui concerne le DONAT, *il était dans l'intention d'en nommer un, lorsqu'il trouverait un homme en état* (¹).

Les membres de la Commission firent dresser procès-verbal de tout ce que dessus, le signèrent conjointement avec les membres du Conseil de la Marguillerie et se retirèrent ensuite.

Le *Donat* fut désigné, sans aucun retard ; mais cette réforme, comme je l'ai dit plus haut, dura à peine deux ans et dut être abandonnée ; et l'*Œuvre de Font-Romeu* reçut le mode d'Administration qu'elle a gardé jusqu'à nos jours.

Une difficulté plus grave et plus délicate fut bientôt soulevée contre elle.

Soit esprit systématique d'opposition à l'Église, soit besoin de déployer son zèle et d'en faire montre, le Conservateur des forêts, *de Corbigny*, par un rapport, en date du 14 janvier 1840, proposa de revendiquer, au nom de l'État, la propriété de la Chapelle et des bâtiments de FONT-ROMEU.

Le Directeur des domaines L. *de Breuil* et le Sous-Préfet de Prades n'entraient pas, il faut le dire, pleinement dans ses vues. Cepen-

---

1. ARCHIVES D'ODELLO, *Procès-Verbal de la réunion.*

dant, la Fabrique d'Odello fut mise en demeure de fournir ses moyens de défense. Elle chargea de ce soin *M. Parès*, jurisconsulte renommé de Perpignan. Les observations que cet homme de lois présenta, avec documents à l'appui, en date du 26 X^{bre} 1840, prouvèrent suffisamment que la Fabrique d'Odello se trouvait, depuis un temps déjà reculé, propriétaire et en possession de la Chapelle.

Mais l'affaire ne fut pas vidée du même coup. Elle fut traînée en longueur. Enfin le Secrétaire d'État, ministre des finances, par décision du 17 Mai 1843, statua que le Domaine s'abstiendrait de former, contre la Fabrique de l'Église d'Odello, une demande en revendication de la Chapelle de Font-Romeu et de ses dépendances, situées dans l'enceinte de la forêt domaniale de ce nom [1].

Cette décision, communiquée aux Autorités compétentes du Département, le 28 Mai 1843, fut notifiée au Conseil de Fabrique, par une lettre du Directeur des Domaines, en date du 4 juillet suivant, qui dit en propres termes :

« Le ministre a considéré que la Chapelle
« de Font-Romeu a été affectée au culte sous
« le titre d'annexe, par un décret impérial du

---

1. ARCHIVES DÉPARTEMENTALES : *Commune d'Odello*. Série C.

« 7 août 1806, et qu'il a eu d'ailleurs égard à
« la possession plus que trentenaire que la
« Fabrique d'Odello serait à même d'invoquer
« contre toute revendication ([1]). »

Cet acte était la reconnaissance officielle, publique, par l'État, du droit de propriété de l'*Œuvre* et mettait fin à toute contestation sérieuse pour l'avenir.

---

1. Archives d'Odello.

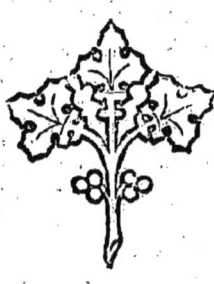

CHAPITRE DEUXIÈME.

Nouveaux progrès et effets de la dévotion à Notre-Dame de Font-Romeu.

I. Inauguration du Calvaire. — II. La dévotion à N.-D. de Font-Romeu dans la ville de Toulouse. Grâces obtenues. — III. Mêmes faveurs à Auch, Bordeaux, La Rochelle. — IV. N.-D. de Font-Romeu en Crimée et en Afrique. — L'abbé *Raymond* et M. *Le Roy*.

'HEUREUSE et définitive solution qu'avaient donnée successivement les autorités compétentes, d'abord aux embarras suscités par la Communauté séculière d'Odello et ensuite aux difficultés soulevées par l'Administration des Domaines, permit à l'*Œuvre* de Font-Romeu de s'appliquer tout entière à une création nouvelle. Je veux parler du *Calvaire*, dont j'ai déjà entretenu mes lecteurs, au troisième chapitre du second livre. La nature des lieux pouvait sans doute en suggérer l'idée. Il appartenait à la piété et au zèle d'un prêtre infatigable de la réaliser.

La Providence venait de donner pour successeur à l'abbé *Gabriel de Monteilla*, curé

La Rampe du Calvaire.

d'Odello, l'abbé *Côme Raymond*, curé de St-Hippolyte. Celui-ci avait déjà déployé, dans cette dernière paroisse, une grande activité. Avec le concours de l'Autorité municipale et le dévouement d'une population, qui a fait preuve, il y a quelques années, d'un élan plus merveilleux encore pour la maison de Dieu, il avait mené à bonne fin la construction du presbytère, l'agrandissement de l'ancienne église romane et la surélévation du clocher.

Son zèle ne tarda pas à se donner libre carrière, à FONT-ROMEU. A peine arrivé dans sa nouvelle paroisse, il entreprit de dégager et d'élargir l'étroit chemin qui allait de *la Tosca* à la cour intérieure du Sanctuaire [1].

La mine et le marteau firent voler en éclats les masses granitiques qui encombraient la voie. Les eaux des mamelons supérieurs, qui la couvraient de mares et la rendaient presque impraticable, furent détournées par des canaux, et l'automne arrivait à peine que déjà l'avenue actuelle était terminée.

L'année suivante, l'abbé *Raymond*, aidé des conseils et des lumières de M. *Saléta*, capitaine de cavalerie, son ancien maire et ami de

---

1. Entré, le 10 août 1850, à Odello, il mettait la main à l'œuvre, le 1er septembre suivant.

St-Hippolyte, faisait construire la rampe qui conduit au plateau du *Padro* ; et, le 27 juin 1852, *le Calvaire*, avec son grand Christ et ses statues de la Vierge, de S. Jean l'Évangéliste et de Ste Madeleine, maintenant disparues, était inauguré, au milieu d'un concours de plus de dix mille pèlerins.

La grand' messe fut célébrée en plein air, par l'abbé *Louis Bach* ([1]). L'abbé *François Roca* ([2]), curé-archiprêtre de Prades, entouré de vingt autres prêtres, présida la cérémonie. Il donna deux instructions, l'une, en langue catalane, l'autre, en langue française. Le balcon de l'appartement des Pabordesses lui servit de chaire. Le soir, lorsque la croix fut dressée sur le Calvaire, l'enthousiasme fut à son comble. Je ne dirai pas, comme tel chroniqueur de la fête, « *que les pins des alentours « étaient pavoisés d'hommes* » ; mais, la foule

---

1. L'abbé *Bach*, alors vicaire à Prades, est décédé en 1876, curé de la Réal.

2. L'abbé *François Roca*, curé-archiprêtre de Prades, est décédé le 12 septembre 1863, à Olette, pendant une courte villégiature que des raisons de santé l'avaient obligé à faire, chez son ami, l'abbé *Iglesis*. Sa mort fut un deuil public dans sa paroisse, où il avait fondé toutes les œuvres nécessaires à l'éducation chrétienne et au progrès spirituel de son peuple, et où il a laissé, après vingt-sept ans écoulés, le souvenir encore vivant de la profonde piété, du noble caractère, du rare savoir ecclésiastique, de l'éloquence enflammée et de la constante régularité, qui avaient fait de lui, sans doute, le pasteur le plus accompli de notre diocèse, pendant ce siècle.

était si nombreuse et si compacte que les plus agiles pèlerins n'hésitèrent pas à grimper sur les branches des arbres, pour être les témoins de cet acte solennel et jouir du coup d'œil qu'offrait, en un tel lieu, cette imposante cérémonie.

Les édicules qui devaient servir aux stations de la Voie douloureuse furent bâtis pendant la belle saison des deux années suivantes ; mais l'érection canonique du chemin de la Croix n'eut lieu qu'en 1855, le 13 juillet, sous la présidence de l'illustre GERBET.

II. — Comme si elle eût attendu cette création nouvelle, pour montrer une fois encore, que son office public de Mère des hommes a pris naissance sur le Calvaire, au pied de la Croix, Marie se plut, dès ce moment, à faire éclater son pouvoir, dans ce lieu béni.

La dévotion de *Notre-Dame de Font-Romeu* avait franchi les limites de nos Pyrénées et pénétré dans les diocèses de Toulouse, d'Auch, de Bordeaux, de la Rochelle, etc., etc. Paris même et Arras, à cette époque, fournirent au Sanctuaire leurs pieux pèlerins.

Mais c'est dans la ville de Toulouse surtout que *Notre-Dame de Font-Romeu* fut honorée et invoquée et que se répandirent ses plus nombreuses et plus signalées faveurs.

Le 16 novembre 1852, l'abbé *Raymond* recevait une lettre, apportée par exprès, annonçant que la Supérieure des Carmélites avait été guérie miraculeusement par son intercession.

« Cette religieuse se trouvait, depuis plusieurs mois, atteinte d'une maladie qui s'aggravait de jour en jour, décourageait les efforts de l'art et désolait le couvent ; les douleurs qu'endurait la malade étaient atroces et sa faiblesse extrême. Ses membres presque entièrement privés de mouvement, ne lui permettaient plus de changer de position qu'avec de grandes difficultés ; en un mot, elle était dans un état de dépérissement si évident que personne ne pouvait se faire illusion, et tous ceux qui la connaissaient s'attendaient à pleurer sur sa fin prochaine. Effectivement son état empira à un tel point que les médecins n'ayant plus la moindre lueur d'espoir, déclarèrent que toutes leurs ressources étaient impuissantes à conjurer le triste dénoûment que tout le monde appréhendait.

« C'était le 31 octobre. Aussitôt, ce même jour, à onze heures du soir, la communauté tout entière résolut d'intéresser Notre-Dame de Font-Romeu en faveur de la patiente. Toutes ces voix se confondirent afin de faire une sainte violence au cœur de Marie et la conjurer d'intercéder pour celle qui leur était chère. Elle-même, de son côté, s'unissait par obéissance, aux ferventes prières qui prenaient leur vol vers les cieux. On passa ainsi la nuit auprès de l'autel de Marie, l'implorant avec instance, pour la guérison de la malade, mais seulement si telle était la volonté de Dieu. Nous devons mentionner cette particularité, que, en même temps et par intervalles, on lui faisait avaler quelques gorgées d'eau de la fontaine de Font-Romeu, seul remède dont il fut fait usage. Cependant le mal empira tellement que le lendemain, 1er novembre, fête de la Toussaint, le Supérieur de la communauté, vicaire-général du diocèse, vint à *cinq heures du soir*, pour administrer les derniers sacrements à la malade et lui appliquer l'indulgence à l'article de la mort.

« C'était ce moment suprême que le Seigneur avait choisi pour faire éclater la puissance de l'intercession de *Notre-Dame de Font-Romeu*, que la communauté n'avait pas cessé d'invoquer et en qui elle espérait toujours.

Bref, à *six heures*, la malade se sentit bien, le mouvement vint ranimer et comme réveiller ce corps inerte ; les douleurs disparurent et un bien-être général annonça le retour des forces physiques, qui ne tarda pas à se faire sentir. Le rétablissement fut ainsi complet et presque instantané ; et il était bien évident, comme tout le monde aimait à le répéter, que cette guérison devait être exclusivement attribuée à l'intervention de Notre-Dame de Font-Romeu.

En reconnaissance de cette faveur signalée, la supérieure et la communauté firent remettre deux cœurs, l'un de vermeil et l'autre d'argent, qui ont été conservés dans le Sanctuaire, et rappellent le souvenir et attestent encore la vérité de cette guérison.

Le 4 décembre suivant, une seconde lettre annonce la guérison subite d'un missionnaire du *Calvaire*, obtenue le 7e jour d'une neuvaine faite à Notre-Dame de Font-Romeu, et dont je suis heureux de reproduire le fidèle récit.

« L'*Abbé Pagny* était atteint, dans la même ville, d'une extinction de voix, que lui avait occasionnée un long exercice de la prédication. Repos absolu pendant plusieurs mois, silence rigoureux, usage des eaux des Pyrénées, rien ne paraissait le soulager. Dans le courant du mois de novembre 1852, et peu de temps après la guérison précédente, quelques-uns de ses amis alarmés de son état, vinrent lui offrir de faire une neuvaine de prières à NOTRE-DAME DE FONT-ROMEU. Il y consentit, à la condition qu'on ne demanderait pas pour lui la guérison, mais le parfait accomplissement de la volonté de Dieu. Aussi Dieu se contenta-t-il d'une volonté entièrement soumise à la sienne. La neuvaine commença dans les derniers jours de novembre, et le malade gardait toujours la chambre, sans pouvoir se faire entendre. Le 3 décembre, 7e jour de la neuvaine, sans écouter les observations de sa famille, surprise et alarmée d'une pareille résolution, notre pieux ecclésiastique, prêtant sans doute l'oreille à une voix intérieure, se lève et annonce qu'il veut aller célébrer le saint sacrifice de la messe dans la chapelle du couvent même où s'était accomplie la guérison que nous avons racontée.

« Ce n'est qu'avec peine et d'une voix étouffée et imperceptible qu'il peut accomplir l'action sacrée. Mais, au moment de donner la communion aux fidèles, il se tourne et il prononce, d'un accent fort et vibrant, les prières qui la précèdent. Que l'on juge de l'émotion produite dans l'assistance ! Le malade avait recouvré la sonorité de son organe, comme il l'a raconté plus tard lui-même et son médecin qui accourt stupéfait, après la messe, déclare que la science se refuse à expliquer cette guérison et qu'il faut en rapporter toute la gloire à Notre-Dame de Font-Romeu. Dès ce jour, l'abbé *Pagny* jouit d'une parfaite santé. L'affection de poitrine dont il était atteint avait complètement disparu en même temps que son aphonie. »

Le 16 juillet 1853, l'abbé *Drel*, chanoine honoraire de la Métropole, entre autres dons, offrait à Notre-Dame de Font-Romeu, un cœur d'argent, pour reconnaître et attester la guérison de son ami; et l'abbé *Pagny* venait lui-même au Sanctuaire, le 23 août, exprimer sa gratitude à Marie.

D'autres guérisons, réputées miraculeuses et opérées toujours dans la même ville, sont signalées, le 16 décembre 1852, par l'abbé *Puig*, curé de la paroisse de la Réal, de Perpignan, le 10 février 1853, par Madame *Tolra*, religieuse du Sacré-Cœur, le 15 mai 1853, et le 1er février 1854, par la Supérieure des Carmélites.

Des cœurs de vermeil et d'argent, où sont

renfermés des actes de consécration à Marie, dictés par une piété enflammée, sont tour à tour déposés dans la Chapelle bénie ou remis entre les mains de l'abbé *Raymond*, par l'abbé *Payrou*, directeur de la bibliothèque des bons livres, par la Supérieure des Carmélites, l'abbé *de Pons*, vicaire-général, madame de *Sambucy*, née *de Bray ;* par la famille *de Gary*, qui confie à son plus jeune enfant, subitement guéri du croup, le soin d'attacher lui-même son *ex-voto* sur la poitrine de la Madone ; par la marquise *de Villeneuve*, qui fait don elle-même à la Vierge, de deux couronnes d'or et de vermeil ornées de pierreries, etc., etc.

Les pèlerins de la Cité des fleurs et des saints accourent nombreux et à diverses reprises et témoignent de l'enthousiasme produit dans son sein par les manifestations réitérées du pouvoir de Marie, invoquée sous le titre de Notre-Dame de Font-Romeu.

Même certains esprits s'émurent de cet élan de la piété et des progrès de cette dévotion qui dut être taxée, sans doute, d'exagération et marquée de la note, assez usitée en pareil cas, de *dévotion nouvelle ;* et des démarches furent faites auprès de l'Autorité ecclésiastique supérieure pour arrêter ce mouvement.

Mais que pouvait-on objecter contre un culte, un Sanctuaire, une appellation établis depuis plusieurs siècles, avec l'approbation de tant d'évêques, qui s'étaient succédé sur le siège d'Urgel et que *Mgr de Laporte*, évêque de Carcassonne et de Perpignan, s'était empressé de restaurer, après le rétablissement de la religion catholique en France ?

La sainte Vierge ne cessait pas d'ailleurs de montrer que ce titre de NOTRE-DAME DE FONT-ROMEU lui était agréable et Elle se plaisait à le confirmer par de nouveaux bienfaits. Je me borne à citer, comme dernière preuve de la prédilection de Notre Madone pour la Ville de Sainte-Germaine, la guérison de Mademoiselle *Larrieu*.

« Mademoiselle Larrieu fut atteinte, en
« 1847, d'une paralysie à la moelle épinière :
« elle avait alors 34 ans. Dès le début de sa
« maladie, elle ne marcha que difficilement ;
« il lui fallait près d'une demi-heure pour aller
« à l'église le dimanche, tandis que quatre ou
« cinq minutes lui suffisaient auparavant pour
« faire ce trajet. En outre, elle se trouvait
« habituellement dans un état de faiblesse tel
« qu'elle devait passer la plus grande partie
« de la journée couchée sur un canapé, quand

« elle n'était pas réduite à garder absolument
« le lit. Tout lui faisait mal ; une conversation
« soutenue lui occasionnait des défaillances ;
« il fallait à chaque instant recourir à l'éther.
« Pendant deux ans et demi elle eut recours
« à toutes les ressources de la médecine. Le
« docteur, voyant qu'aucun de ses soins ne
« procurait du soulagement à sa malade, ré-
« solut d'appliquer deux cautères, déclarant
« que si ce dernier traitement ne réussissait
« pas, il fallait renoncer à tout espoir de gué-
« rison par le secours de l'art. Non seulement
« la malade ne reçut pas de soulagement de
« ce dernier traitement, mais son état empira
« graduellement, si bien que, depuis lors, elle
« fut réduite à garder plus souvent le lit et à
« sortir beaucoup moins, jusqu'à ce qu'elle
« ne sortît plus du tout.

« Ainsi, elle cessa, trois ans avant sa gué-
« rison, toute espèce de remèdes et de traite-
« ments, et il y avait bien deux ans qu'elle
« n'était plus sortie, lorsqu'on lui proposa de
« faire une neuvaine à Notre-Dame de Font-
« Romeu. Elle y consentit, et la commença, le
« 8 décembre 1852, jour de la fête de l'Im-
« maculée Conception de la très sainte
« Vierge. Le lendemain, ayant fini ses priè-

« res du soir et de neuvaine, elle allait se
« coucher sans penser à rien qui l'impression-
« nât, lorsque, n'ayant que deux pas à faire,
« elle veut avancer et se sent arrêtée. Elle est
« d'abord étonnée ; car elle ne ressentait ni
« bien ni mal en elle-même. Mais voilà que
« tout à coup il lui semble qu'un poids énor-
« me de chaînes lui tombe : elle se sent libre,
« elle peut se redresser sans aucun effort ; une
« voix secrète lui dit : *marche*, et aussitôt elle
« se met à marcher comme elle faisait avant
« d'être malade. Depuis lors elle agit et sort
« comme si elle n'avait pas été malade et son
« état de santé est très satisfaisant.
    « Toulouse, le 3 mars 1854
        « Pagès B. aumônier ([1]). »

III. — La ville de Toulouse ne fut pas la seule à recevoir de tels bienfaits. Le 4 février 1853, *M. de Gelcen*, avocat, de Prades, homme d'une vertu et d'une sagesse consommées, informait, par lettre, l'abbé *Raymond*, de la guérison extraordinaire d'une religieuse carmélite, d'*Auch*, obtenue par l'invocation de notre Vierge.

---

1. Le texte de cette lettre et le récit des deux autres guérisons ont été tirés d'un *Livre-journal* rédigé par l'abbé *Raymond*. Ils ont été reproduits dans la *Notice historique sur N.-D. de Font-Romeu.*

Le 15 septembre de la même année, arrivaient à Font-Romeu, après le *P. Corbière*, du Calvaire, de Toulouse, les abbés *Chabrier* et *Marbrieux*, du diocèse de Bordeaux, venus au Sanctuaire, pour accomplir un vœu et rendre grâces à Marie.

J'aime à clore cette énumération déjà longue de faveurs semblables, par la reproduction textuelle de la lettre qu'écrivait, au pasteur d'Odello, l'abbé *Rullier*, curé-doyen de la paroisse de Pons, au diocèse de la Rochelle.

« Pons, le 17 juillet 1854.

« Monsieur le Curé.

« Pourrai-je obtenir de votre complaisance
« une messe à Notre-Dame de Font-Romeu,
« en faveur d'une pauvre villageoise, infirme
« depuis plusieurs années ? Vous aurez la
« bonté de me faire savoir le jour où vous
« pourrez la dire ou la faire dire. Voici ce qui
« nous inspire une grande confiance en Marie,
« invoquée à Font-Romeu.

« Nous avons appris ici, il y a bientôt deux
« ans, la guérison miraculeuse d'une religieuse
« carmélite d'Auch, qui avait invoqué parti-
« culièrement Notre-Dame de Font-Romeu.
« Nous avions dans ma paroisse un enfant de
« 13 ans, malade depuis un an, de l'affreuse

« maladie qu'on appelle la chorée ou *dansé de*
« *Saint-Guy*. Son médecin, qui a de la foi
« à transporter les montagnes, lui a conseillé
« d'invoquer Notre-Dame de Font-Romeu.

« C'était le 30 janvier 1853. L'enfant a
« suivi ce bon conseil et, au milieu de la nuit,
« après sa crise, il s'est écrié qu'il entendait
« la sainte Vierge lui promettre que le ven-
« dredi suivant il serait guéri ; et, en effet, les
« crises convulsives ont cessé le vendredi ; et
« il s'est rétabli peu à peu de manière à pouvoir
« venir à l'église faire une communion d'ac-
« tions de grâces, le jour de Pâques suivant.

« Cela s'est passé sous nos yeux. On a
« engagé ma pauvre malade à demander sa
« guérison à la sainte Vierge, en la faisant prier
« à Font-Romeu. Je n'ai pu lui refuser cette
« pieuse satisfaction. Je dirai aussi la sainte
« Messe à notre chère chapelle de Marie et
« j'y ferai brûler un cierge, le jour que vous
« nous donnerez l'intention du saint sacrifice.

« Par cette insigne complaisance, Monsieur
« le curé, vous rendrez service à ma pauvre
« infirme et à votre respectueux confrère.

   « Rullier, curé-doyen, à Pons.
   « Charente-Inférieure. (1) »

---

1. *Livre-journal* de l'abbé Raymond.

La pauvre malade a-t-elle obtenu la guérison désirée ? Je l'ignore. Je n'ai cité cette lettre, on le comprend, que pour signaler la faveur accordée au jeune enfant de treize ans.

IV. — La douce influence de Notre-Dame de Font-Romeu se faisait sentir, presque en même temps, dans des contrées bien éloignées de notre patrie. Notre Madone daignait entourer de sa protection spéciale nos soldats de Crimée, qui imploraient son secours.

Au retour de cette rude campagne et comme preuve de leur reconnaissance, Monsieur *Puig*, d'Olette, déposait son épée au Sanctuaire et Monsieur *Vincent*, capitaine au 49ᵉ de ligne, venait fixer, de ses propres mains, au riche *paludamentum* qui enveloppe la Vierge de l'Invention, l'étoile de la légion d'honneur que le Maréchal *Pélissier* avait attachée à sa poitrine, après la prise de la Tour Malakoff. Les *ex-voto* suspendus aux murailles de la grande nef signalent d'autres faits du même genre [1].

---

1. J'ai relevé celui-ci :
« *Ex-voto, 12 février 1856.*
Les époux Berjoan Jacques et Thérèse Vilarem, de Villefranche, Py. Or. mourants à Woronsoff Crimée rendus à la santé par Marie, Reine des Cieux.
Salus infirmorum. »

Guidé par le même sentiment, le général *Pino*, député de la Catalogne (Espagne), venait plus tard, le 8 septembre 1862, rendre grâces à notre Vierge de lui avoir sauvé la vie, dans un combat, livré près de *Tétuan*, en Afrique.

Je ne puis enfin passer sous silence l'intervention de Notre-Dame également manifestée, quoique dans une circonstance différente, en faveur de l'abbé *Raymond* lui-même, curé d'Odello et de Font-Romeu.

C'était le 9 août 1857. Le zélé serviteur de Marie accompagnait, au retour de *Nuria*, Monsieur *Le Roy*, Directeur des douanes, venu, de Boulogne-sur-mer, en pèlerinage à Font-Romeu, Monsieur le chanoine *Bédos*, vicaire-général honoraire et son frère Monsieur *Stéphane Bédos*, avocat.

Arrivés au moulin d'*Eyne*, le cheval de M. *Le Roy* fait un faux pas, désarçonne son cavalier et tombe sur lui. L'abbé *Raymond* se précipite à son secours, et, voyant le grand danger auquel il s'expose, il s'écrie : « *Vierge sainte de Font-Romeu, aidez-nous, nous avons besoin de vous.* »

Au même instant il se trouve entraîné avec son ami dans un précipice. Le cheval roule sur eux. Mais ils se relèvent, n'ayant souffert que des contusions légères et ils peuvent rejoindre, sains et saufs, les frères *Bédos*, témoins transis de cette effrayante scène, que la vue du péril avait fait eux-mêmes tomber à genoux.

Deux croix plantées en ce lieu rappellent le souvenir de cet accident, qui est reproduit encore, en *ex-voto*, dans l'église de FONT-ROMEU.

CHAPITRE TROISIÈME.

Font-Romeu dans le temps présent.

1. — Les évêques de Perpignan, à FONT-ROMEU. Monseigneur *Gerbet et le Syllabus*, à FONT-ROMEU.

II. Le clergé diocésain à FONT-ROMEU. La fête de *la Visitation*.

III. La colonie séculière de FONT-ROMEU. Régime et ordre du jour. Conversion d'une dame protestante.

ETTE extension de la dévotion à Notre-Dame de Font-Romeu ne doit pas faire supposer qu'elle ait subi dans son propre Sanctuaire le moindre obscurcissement, la plus légère décadence, ni que Marie ait voulu, en punition de je ne sais quel abandon, *déplacer le chandelier* (¹) et répandre dans des contrées plus fidèles, les bienfaits de sa lumière et de sa chaleur.

Dans ce siècle même, où nous avons à déplorer tant de défections et de ruines, consommées par la négation systématique de toute intervention surnaturelle, au milieu de tant d'apostasies, le peuple de la Cerdagne et du Roussillon se montre encore empressé

---

1. Apoc., II, 5.

d'honorer notre Madone et d'invoquer son pouvoir. L'exemple de ses pasteurs l'aurait au besoin ramené et raffermi dans la piété des anciens jours. Depuis la restauration du diocèse de Perpignan, nos évêques n'ont cessé de donner à FONT-ROMEU les preuves éclatantes de leur dévouement et de leur pieuse sollicitude. Ils ne se sont pas montrés moins jaloux que *Mgr de Laporte* et les évêques d'Urgel de sa gloire et de sa prospérité.

Mgr *de Saunhac-Belcastel* (1), à peine entré, depuis un an, dans le diocèse, faisait, en 1825, sa première visite à ce Sanctuaire. Son grand âge et la difficulté des chemins presque impraticables, dans une partie de notre pays, tant qu'a duré son épiscopat, ne lui permirent point de la renouveler. Mais il n'avait pas négligé de porter les ordonnances nécessaires au bon gouvernement de FONT-ROMEU ; et le prêtre qui a été, dit-on, l'*homme de sa droite*, le cha-

---

1. Mgr *Jean-François* DE SAUNHAC-BELCASTEL, né en 1765, au château d'Ampiac (Aveyron) était, à trente ans, vicaire-général honoraire de *Rodez* et peu de temps après, vicaire-général titulaire de *Cahors*. Désigné en 1817 pour l'évêché d'Elne, il ne put être préconisé, par Léon XII, que le 17 novembre 1823. Il fut sacré, le 18 janvier 1824 à Saint-Sulpice, par Mgr Frayssinous ; prit possession de son siège, par procureur, le 18 février suivant, et fit son entrée solennelle à Perpignan, le 19 juin. Il est mort, à Perpignan, le 9 décembre 1853, âgé de 88 ans, 11 mois, 27 jours, après avoir gouverné notre diocèse pendant 28 ans, neuf mois et vingt jours.

noine *Bédos*, ne passait pas une année, sans venir rendre ses devoirs à NOTRE-DAME. La lampe d'argent qui brûle devant l'autel-majeur est un don de sa libéralité.

A *Mgr de Saunhac-Belcastel*, Dieu désignait pour successeur, en 1854, l'une des plus pures gloires de l'Église et de la France. Le Fils de l'Homme détachait une des étoiles qu'il tient en réserve pour ses églises privilégiées ([1]) ; et, lui traçant la voie à travers l'espace, lui dictait l'ordre de venir se fixer au beau ciel du Roussillon, pour l'embellir, l'inonder de ses clartés et répandre au loin la vie et la fécondité.

En dépit de tous les calculs humains et du futile prétexte qu'il n'était point habile à gouverner, comme si *la capacité administrative* d'un évêque consistait dans le métier du comptable ou du teneur de livres, dans je ne sais quelle facilité à inventer des expédients et à les mettre en jeu ou dans l'envoi régulier de banales correspondances, et non, dans la direction des esprits par de fortes doctrines, dans le discernement des sujets et des caractères le plus capables de seconder, dans les divers

---

1. APOC., I, 16 et 20.

emplois, l'action d'en haut et dans le zèle vigilant à promouvoir et à soutenir les œuvres de Dieu, l'Abbé GERBET, prêtre doux et pacifique, aussi distingué que modeste, animé de la plus bénigne charité, désintéressé de tout, hormis de la vérité, docteur exact et inébranlable, penseur profond, érudit aimable, artiste consommé, polémiste à la fois vigoureux et subtil, l'un des meilleurs écrivains et des plus beaux génies de notre siècle, était préconisé, par Pie IX, évêque de Perpignan ([1]).

FONT-ROMEU devait avoir, pour l'illustre prélat, un attrait singulier et exercer sur lui une séduction triomphante.

Il était enfant du Jura, « contrée riante et « poétique, féconde en grands et beaux ta-« bleaux et qui, du sommet de ses montagnes « sauvages, regarde sans envie les montagnes « vantées de la Suisse et les cimes hautaines « des Alpes ([2]). » FONT-ROMEU ne pouvait manquer de raviver dans son cœur les émouvants souvenirs, les douces impressions, les réjouissantes images de ses jeunes ans.

Cette majestueuse nature devait exalter son

---

1. Ces divers traits sont empruntés aux meilleurs critiques : *Louis Veuillot, Sainte-Beuve, M. Léon Gautier.*
2. X. MARMIER.

âme d'artiste, lui suggérer, par ses divers aspects l'idée de « *sublimes et invisibles réalités, lui parler sa langue divine et fournir à son amour pour le symbolisme une ample collection de hiéroglyphes à interpréter et d'inscriptions à traduire. S'il s'applaudissait, avec la joie d'un enfant qui commence à comprendre quelque chose, dans le livre qu'on lui a donné à épeler, quand il était parvenu, bien ou mal, à rattacher, aux phénomènes les plus vulgaires, une idée qui les consacre et les spiritualise* ([1]), » je me demande quel plaisir il dut goûter, dans un lieu, qui se trouvait en si parfaite harmonie avec ses aspirations intimes ?

Il vint donc, et non point en passant, dans le Sanctuaire de NOTRE-DAME. Il arrivait à FONT-ROMEU, le 12 juillet 1855. Le 13, au milieu d'un immense concours de peuple, il célébra le saint sacrifice, sur un autel dressé devant la Fontaine, et administra le Sacrement de la confirmation. Le soir du même jour, assisté de MM. *Chéruel*, son vicaire-général, et *Barréra*, encore vicaire-général d'Avignon, et entouré de vingt autres prêtres, il érigeait solennellement le Chemin de la

---

1. GERBET, *Légende de sainte Hiltrude*, cité par *Mgr de Ladoue* dans MGR GERBET, etc.

croix, au *Calvaire*. Le 14, il daignait consacrer lui-même à la sainte Vierge tous les enfants de la paroisse d'Odello, devant l'Image de la Madone, que l'on avait rapportée en procession pour cette émouvante cérémonie.

Combien j'eusse aimé de considérer, dans ce lieu et à loisir, « *l'expression de ses traits et la pose habituelle de son corps, ses longues paupières qui s'entr'ouvraient pour laisser voir un regard profond et absorbé, son front, dont le caractère pensif semblait n'être que le voile transparent de l'âme, la douce majesté de son visage, sa physionomie à la fois ardente et immobile, sur laquelle étaient répandus la plus suave bonté, le plus fin sourire, les éclairs qui venaient l'illuminer du dedans et lui donnaient presque l'air de l'extase !* (¹) »

J'eusse été ravi de m'attacher à ses pas, de le suivre dans l'avenue du *Calvaire*, d'employer, avec lui, quelques heures de ces belles nuits de juillet « *à regarder le ciel ; cette voie lactée où germe un immense semis d'étoiles, ces nébuleuses qui mettent des siècles à percer leur enveloppe, comme un bouton de fleur écarte*

---

1. UNIVERSITÉ CATHOLIQUE. *Conférences d'Albéric d'Assise*, t. XXI, p. 22. L'on croit que Mgr GERBET, s'est dépeint lui-même, sans s'en douter, sous les traits d'Albéric.

peu à peu les pellicules qui retiennent ses feuilles : ces soleils qui se fanent dans l'espace; cette étoile polaire que la main de Dieu transplantera un jour dans une autre région du ciel ; ces milliers d'années qui passent comme des heures dans la durée de ces mondes (1) ; » et, devant cette image splendide de l'infini, ouvrant mon âme aux impressions qu'elle peut produire, je me serais rassasié de calme et de paix.

Parmi les rares éclairs de bonheur qui traversent la vie, j'aurais compté la joie de l'accompagner au plateau du *Padro* et de l'entendre exposer, dans l'abandon de ses enivrantes causeries, les harmonies que *son oreille vraiment pythagoricienne* savait découvrir dans le concert des voix et des bruits répandus dans la placide atmosphère de FONT-ROMEU ; ou bien encore j'eusse estimé au plus haut prix l'honneur d'être initié aux méditations profondes, que, mieux inspiré sans doute qu'à Juilly, sous les marronniers de Malebranche, il se plaisait à faire, dans ses promenades solitaires, à travers les pins de la forêt.

Ce ne fut pas l'unique visite de Mgr GERBET à FONT-ROMEU. Cet aigle de la pensée ne tarda

---

1. IBID., p. 115, 116.

point à prouver qu'il regardait ce lieu béni comme sa demeure naturelle ; et lorsqu'il résolut de parcourir d'un vol hardi, sublime, le domaine des idées, pour discerner et saisir les erreurs, les sophismes et les calomnies des temps présents, les démêler et les séparer d'avec la vérité, les réunir en groupes et les lier de ses serres puissantes, pour les soumettre, finalement à la brûlante flétrissure de la condamnation publique, c'est dans cette solitude préférée qu'il jugea bon de se recueillir et d'édicter le plus grand acte de son autorité doctrinale.

C'est un fait acquis à l'histoire que, dès les premières années de son pontificat, Pie IX, entrant dans la pensée d'évêques et de théologiens éminents, qui désiraient voir les principales erreurs modernes, déjà condamnées, faire l'objet d'une condamnation collective, renouvelée par un acte pontifical séparé, avait donné mission au cardinal Fornari, de consulter sur ce sujet un grand nombre d'archevêques et d'évêques et quelques-uns des laïques les plus éclairés ; et, qu'après la proclamation du dogme de l'Immaculée Conception de Marie, une commission spéciale, nommée par le

Pape, fut chargée de rechercher les erreurs du temps présent. (¹)

Celle-ci poursuivait toujours ses travaux, lorsqu'en 1860, Mgr GERBET, évêque de Perpignan, publia, sous forme d'*Instruction pastorale adressée au Clergé de son Diocèse*, une liste de quatre-vingt-cinq propositions, groupées sous onze titres, qu'il déclara dignes d'être condamnées, tout en réservant, avec son humilité et sa soumission habituelles, sur cet acte épiscopal, qui ne pouvait être ni décisif, ni irréformable, le droit absolu et le jugement souverain du Saint-Siège.

Pie IX accueillit avec bonheur cet écrit et voulut qu'il servît de base aux études des théologiens romains.

La liste des 85 propositions de Mgr GERBET, réduites d'abord à 70, puis à 61, sans être rejetée, fut remplacée finalement par une liste nouvelle des quatre-vingts propositions du *Syllabus*, publié avec l'Encyclique *Quanta cura*, le 8 Décembre 1864.

Cependant l'on peut dire que l'*Instruction pastorale sur les diverses erreurs du temps présent* de notre grand Evêque a été l'un des

---

1. ÉTUDES RELIGIEUSES, Juillet 1889, *Autorité dogmatique du Syllabus, son histoire*, p. le P. DESJACQUES.

principaux éléments constitutifs de l'acte pontifical de Pie IX.

Or, c'est à Font-Romeu, sous le regard de Marie, *qui seule a tué toutes les hérésies dans l'univers entier ;* c'est dans cette solitude profonde, pleine de lumière et de paix, qui semble aux confins du ciel, que Mgr Gerbet a mis la dernière main à son Œuvre. C'est là qu'il a pris date, au jour anniversaire de son entrée solennelle dans la ville de Perpignan, pour ce manifeste épiscopal, qui demeurera peut-être, parmi tant de productions de premier ordre, son meilleur titre de gloire, comme s'il eût voulu tout à la fois attester son filial amour pour la Vierge-Immaculée et sa fidélité à garder intact et sans tache le dépôt de la divine Vérité.

Ainsi le Sanctuaire de Font-Romeu a le singulier privilège d'avoir été comme un lieu d'origine du Syllabus et, sans conteste, l'une des principales sources qui l'ont produit.

Mgr Gerbet eût désiré se reposer, à Font-Romeu, du travail qu'avait exigé une telle œuvre et des fatigues de la tournée pastorale et reprendre doucement son tête-à-tête avec la Providence. Je ne pourrai pas dire que tout son temps, dans cette solitude, eût été partagé entre l'étude et la prière : « *Cette distinction n'existait pas pour lui. La prière, source d'une lumière, qui ne descend de l'esprit qu'en passant par le cœur, était pour l'illustre évêque une étude transcendante et sans effort, comme l'étude, continuellement rapportée à Dieu, était une prière laborieuse.* » (1)

Mais il n'eut pas ce loisir. La date de son *Instruction* trahit sa retraite. Le *Baron de Lassus-St-Géniés*, préfet des Pyrénées-Orientales, accompagné d'un colonel d'artillerie et de son propre fils, venait lui rendre visite, le 28 Juillet, et l'y rejoindre encore, le 1 Août, à son retour d'une excursion à l'étang de *Lanoz*. Le froid, qui n'attend pas quelquefois sur ces sommets, la saison des frimas, ou tout autre motif inconnu, le força, non sans regret, d'abréger son séjour dans le Sanctuaire, qui n'eut plus, sans doute, l'honneur de lui donner l'hospitalité.

Je devais relever ce fait glorieux, dans cette *Histoire*, et rendre un faible hommage à la mémoire trop oubliée de Celui qui a été appelé

---

1. UNIVERSITÉ CATHOLIQUE, *Conférences d'Albéric d'Assise*, t. XXI, p. 25.

à juste titre, le GRAND ÉVÊQUE DE PERPIGNAN. (¹)

Les successeurs de Mgr GERBET, sans exception, se sont montrés animés d'un semblable amour pour FONT-ROMEU. Mgr *Ramadié*, qui l'a visité plusieurs fois, voulut inaugurer lui-même, en 1873, la belle statue d'*Oliva*. Mgr *Caraguel* y faisait ses délices et Mgr *Gaussail*, renouant la tradition interrompue des pèlerins Toulousains, s'empressait de mettre, sous la protection de Notre Madone, son nouvel épiscopat.

Seul, Mgr *Saivet*, que la Providence nous a à peine montré et dont la complexion ébranlée et délicate tremblait à la seule vue des neiges qui couronnent nos plus hautes cimes, n'a pu, hélas ! visiter notre Sanctuaire. Mais, connaissant sa tendre piété pour Marie et son amour passionné de la belle nature, qui le faisait soupirer, dans ses beaux jours, après *les*

---

1. J'ose à peine avouer qu'après *vingt-six ans écoulés*, il n'y a point, dans la Cathédrale de Perpignan, un signe de croix, une inscription, une lettre qui indique le lieu où est déposée la *grande dépouille, la cendre précieuse, le cadavre louable* de l'illustre Évêque, comme disait Mgr BERTEAUD, citant St GRÉGOIRE DE NAZIANZE : « *Nunc nobis magnus ille servatus est preciosus cinis, laudabile cadaver.* »

grands horizons, l'air pur et limpide, le concert des vents et des forêts, et déclarer, entre autres choses, *qu'il eût donné toutes les Charentes du monde pour un sapin sur un torrent ou pour un lac au fond d'une gorge*, j'imagine la joie qu'il eût savourée à FONT-ROMEU et dans ses alentours !

II. — Le Clergé du diocèse, animé du même sentiment de piété envers Marie et, séduit encore, il faut le dire, par les charmes du site, s'est montré de tout temps empressé à visiter FONT-ROMEU. Même, au dernier siècle, les Évêques d'Urgel avaient jugé nécessaire de limiter le séjour qu'il était loisible aux prêtres d'y faire. *Il faut en tout garder une juste mesure.* C'est la morale de la fable ; et la leçon de Fénelon au jeune Duc de Bourgogne trouve bien son application pour les hommes du plus grand sens.

Mais il est vrai que FONT-ROMEU est, dans notre pays, le lieu qui convient le mieux, sans comparaison, au repos et aux quelques journées récréatives que les sages lois de l'Église accordent aux ministres de Dieu, après leurs travaux et leurs fatigues, et aux habitudes modestes dont il est désirable qu'ils ne se départent jamais, au milieu de notre monde si bruyant et si tumultueux.

Le prêtre trouve là l'air vif et pur de la montagne, l'atmosphère imprégnée des bienfaisantes émanations des forêts de pins, qui réparent ses forces, renouvellent et développent, dans sa poitrine, le souffle indispensable au ministère de la parole et à la louange divine ; un isolement momentané qui lui permet de faire trêve avec les relations sociales ; « un genre de vie où il peut n'avoir de conversation qu'avec Dieu, soi-même, ou les morts illustres, où il est maître de n'avoir que des pensées choisies et austères et qui rend ou conserve à son intelligence les habitudes de vigueur et d'élévation que beaucoup d'hommes de talent perdent, plus ou moins, soit par leur commerce journalier avec des esprits vulgaires, soit par l'épicuréisme de l'esprit qui fait la vie de presque tous les salons ([1]) ; » une présence plus sensible et plus accueillante de Marie, qui est particulièrement sa Mère et sa Reine, et une facilité d'autant plus grande d'entrer en tête-à-tête avec le Seigneur qu'en ce lieu le silence est plus profond, la

---

1. GERBET, *Conférences d'Assise.* UNIVERSITÉ CATHOLIQUE, t. XXI, p. 26.

lumière plus abondante et la paix souveraine. Il faut ajouter encore que la modicité de ses ressources lui permet de trouver là les douceurs et les bienfaits d'une villégiature que les heureux du siècle ont coutume de chercher, au poids de l'or et souvent sans succès, dans les établissements somptueux des Pyrénées ou des bords de l'Océan.

Il n'est donc pas surprenant que les prêtres roussillonnais se sentent attirés vers notre Sanctuaire et qu'à l'époque des grandes chaleurs ils viennent goûter la fraîcheur de ses eaux. Il m'eût été facile de relever et de compter leurs présences ; mais je ne crains pas d'être exagéré, si je dis, qu'en moyenne, de dix à quinze messes sont célébrées, chaque jour, à FONT-ROMEU, tant que dure la belle saison.

Il est cependant une fête, où les prêtres accourent plus nombreux et que l'on pourrait appeler leur fête préférée dans le Sanctuaire. C'est la *Visitation de la sainte Vierge*, célébrée le 2 Juillet. A pareil jour, FONT-ROMEU est moins agité et moins tumultueux que le 8 Septembre. Il garde son caractère religieux et se trouve plus en harmonie avec les habitudes calmes et recueillies des ministres de Dieu.

D'autres raisons encore leur rendent cette solennité particulièrement chère. La *Visitation* a été, dans l'ordre des temps, la dernière fête instituée à Font-Romeu. Cependant le *Livre des Comptes* de 1640 en fait déjà mention et *Camos* en parle, comme d'une chose établie de vieille date et consacrée par un usage presque immémorial. Sa fin spéciale était de clore la série des pèlerinages successivement pratiqués par les divers groupes de paroisses de la Cerdagne. Elle est maintenant le monument historique de la piété des anciens jours. Elle tient lieu tout à la fois de ces *Aplechs* solennels que les générations modernes ont laissé tomber, hélas! en désuétude et elle sert à en perpétuer le souvenir. La fête de la *Visitation* est le dernier vestige et comme la réunion plénière, mais unique, de la Confédération chrétienne d'autrefois. Il n'est pas étrange dès lors que les pasteurs de la Cerdagne se fassent un devoir d'accompagner, en ce jour, leurs peuples respectifs à Font-Romeu.

L'on se demande pourquoi la Vierge de l'Invention, au déclin de cette fête, est retirée de son Sanctuaire et rapportée dans l'église paroissiale d'Odello ? Quelle a été l'origine de cette coutume ? L'explication de cette mesure est toute historique et nous fait remonter aux premiers temps de FONT-ROMEU, quand le Sanctuaire de NOTRE-DAME se réduisait au simple oratoire de la fondation et n'avait ni hôtellerie, ni dépendances d'aucune sorte, pour permettre d'exercer sur l'Image de la Madone une surveillance active et permanente. Il faut faire revivre par la pensée ces siècles écoulés qu'animait un souffle si puissant de foi et d'amour pour Marie. L'antique Madone était, pour le peuple d'Odello en particulier, un des trésors les plus précieux. Il s'en montrait justement jaloux. Il consentait bien à faire jouir de sa rare fortune le reste de la Cerdagne. Il devait même s'enorgueillir de voir tant de peuples accourir pieux et empressés aux pieds de sa Vierge. Mais, une fois les *Aplechs* terminés, il n'eût pas été sage de laisser dans l'isolement absolu où se trouvait l'oratoire et sans aucune garde, l'Image même de l'Invention. Il fallait la mettre à l'abri d'un coup de main et la soustraire à toute tentative sacrilège, aussi bien qu'à l'inclémence du climat et à la détérioration qu'aurait rapidement amenée, en ce lieu, la rigueur des saisons.

Tel a été le motif plausible et réel de la translation qui se fait, le jour de *la Visitation*.

Mais, si la prudence prescrivait cette mesure, dans les temps passés, je ne vois point de raison sérieuse qui puisse empêcher, de nos jours, la population d'Odello de laisser, dans le Sanctuaire même de FONT-ROMEU, jusqu'après le 8 septembre, l'Image de la Madone. Son absence enlève à ce lieu béni un des attraits les plus émouvants et jette les pèlerins dans un véritable désenchantement. A mon sens, l'on ferait preuve d'élévation d'idées et de largeur de vues, en donnant satisfaction aux réclamations légitimes et persistantes de la piété.

Quoi qu'il en soit, cette procession du jour de la *Visitation*, organisée pour ramener en triomphe l'Image de l'Invention dans l'église paroissiale d'Odello, a son caractère propre et ne manque pas de poésie. *Chateaubriand* a décrit la procession des jours des Rogations dans les campagnes ; l'habile et brillant pinceau de *J. Breton* a représenté sur la toile la procession dans les blés mûrs et jaunis ; l'illustre GERBET a esquissé, dans le livre incomparable et malheureusement inachevé qu'il a publié sur Rome chrétienne, la procession générale de la Fête-Dieu sous la colonnade du portique qui entoure la grande place du Vatican, quand le Souverain Pontife avait sa liberté. Une procession formée de plusieurs milliers de fidèles, qui défilent sous les pins d'une vaste forêt, située à dix-huit cents mètres d'altitude; qui s'avance dans des sentiers à demi ajourés, presque sombres, tapissés de verdure et de fleurs ; qui descend enfin par les pentes dures et rocheuses, bordées de prairies et de champs de seigle, d'Odello, me semble de nature à éveiller dans l'âme de douces images, de profondes émotions. Je n'ai point le talent pour la décrire et je me borne à signaler la ressemblance qui existe entre cette procession, célébrée pour mettre en lieu sûr une Image de la Vierge, qui a été le signe de l'Alliance et de la Confédération de plusieurs paroisses, et le concours de peuple, assemblé par David, pour transférer l'Arche Sainte, ravie aux Philistins, de la maison d'Abinadab ou d'Obédédon dans la ville de Jérusalem ([1]).

---

1. II REG., VI.

III. — Après le 2 Juillet, la colonie séculière qui vient s'établir, tous les ans, à Font-Romeu, quitte la plaine et ses chaleurs et fait son ascension vers notre Sanctuaire ; et l'on voit successivement déboucher, par le chemin d'Odello et le plus souvent par la clairière de la forêt, qui est aux abords du Calvaire, des familles connues. C'est une joie de les attendre et de les considérer avec leur attelage de bœufs, qui traînent à pas lents, sous la direction d'un guide patient et sûr, leur lourde charrette, portant les bagages, les enfants et les mères, assis sur des sièges, faits de sacs de foin, pour les protéger contre les heurts et les cahots.

A l'arrivée, le premier soin pour tous est d'aller saluer la bonne Mère, de se présenter ensuite au digne Curé de ce lieu ou d'appeler le Paborde, et l'on s'installe, dans les pièces retenues et réservées des divers corps de logis, au milieu des souhaits de bienvenue et des sourires qui éclatent de toutes parts.

Le régime et l'ordre du jour, à Font-Romeu, sont des plus simples. La voix tout aérienne, toute céleste, de la cloche annonce, dès le matin, l'heure du saint sacrifice. Les messes se suivent, à l'autel majeur de la Vierge

UN DÉPART DE FONT-ROMEU.

ou dans la mystérieuse chapelle du *Camaril*. Chacun répond librement et joyeusement à cet appel. L'on prie Dieu, l'on assiste à l'action sainte. Ce premier devoir rempli, et après une légère réfection, les hôtes pieux du Sanctuaire, armés du bâton, du livre, du bréviaire ou d'un cabas champêtre, s'enfoncent dans les bois, déjà touchés des rayons du soleil, qui dégagent, en subtiles nuées, l'odeur pénétrante des émanations des pins; ils descendent ou gravissent les pentes des collines et des vallons, et vont, par mille sentiers, à la recherche des oronges, des bolets, des morilles, des agarics, des cèpes ou autres champignons. La cueillette est plus ou moins abondante, plus ou moins heureuse. Les produits vénéneux se mêlent parfois aux trouvailles inoffensives. Mais le triage est fait, en plein air, sur la place intérieure du Sanctuaire, par des juges compétents et expérimentés, qui préviennent tout danger, et l'on attend ainsi l'arrivée du courrier.

Un coup de cloche annonce sa présence et la levée de la boîte postale. Ce n'est pas le moment le moins intéressant de la journée. C'est l'heure des nouvelles. Les cœurs se dilatent, les visages s'épanouissent. L'humble et pacifique facteur porte, en son sac de cuir noir, des trésors de tendresse ou de chaude amitié, qu'il distribue avec un fin et malin sourire, et chacun s'empresse de lui ravir son lot. L'on échange, entre connaissances, les journaux et les revues et l'on se sépare pour prendre bientôt le repas de midi, dont l'appétit, toujours en éveil sur ces sommets, fait sentir l'approche, autant et peut-être mieux que le son de l'*Angelus*.

Au sortir de table, la colonie se réunit habituellement sous les arcades, qui tiennent lieu de salon de compagnie.

« *Propos, agréables commerces*
« *Où le hasard fournit cent matières diverses,*
« *Jusque-là qu'en ces entretiens*
« *La bagatelle à part......*

remplissent les premières heures de la soirée.

J'ai hâte de dire qu'à FONT-ROMEU *la bagatelle, les chimères, le rien, tout est bon*, parce que la charité et la vertu y sont toujours sauves. Le reste du jour est employé au travail, à l'étude, à la prière. Entre-temps, des mains délicates et pieuses vont cueillir, dans les bois, au bord des eaux, dans les crevasses des rochers qui forment le Calvaire, les fleurs variées que la Providence y a semées et composent de grands bouquets qu'elles déposent avec amour, aux pieds de Marie.

Ainsi les heures passent rapides et la colonie se retrouve de nouveau réunie pour la prière du soir, qui est toujours faite en commun dans la Chapelle et présidée par le vénérable Curé d'Odello. L'on attend cet exercice avec impatience. Personne ne songe à s'en dispenser. Il a pour tous un véritable attrait. On récite le chapelet, on s'unit à la prière enflammée du pasteur, l'on alterne le chant des *Goigs* ou des *Joies* de Notre-Dame, auxquels les voix fraîches et pures de la montagne donnent une saveur si particulière et si réjouissante, et l'on se sépare, après l'*Angelus*, sous le petit porche de l'église, à la lumière des étoiles qui brillent au ciel, en échangeant le souhait d'une bonne nuit.

Depuis que Font-Romeu, par un acte sage et ferme de l'Administration, a été purgé de certains parasites, « *de certaines gens, faisant les empressés,*

« *S'introduisant dans les affaires*
« *Faisant partout les nécessaires*
« *Et partout importuns......*

il règne, dans sa colonie, une simplicité, une ouverture, un abandon, une paix, une facilité de rapports, une union, une charité fraternelle qui ont été, dans ces derniers temps, pour une âme, que le vide et la faim de Dieu poussaient inconsciente à travers le monde et avait finalement amenée dans ce lieu, le préambule béni de la foi.

L'on vit, l'été dernier, arriver à FONT-ROMEU, une dame, jeune encore, inconnue et étrangère, d'origine suédoise, qui demanda d'y fixer, pour quelque temps, son séjour. Son maintien était irréprochable, mais un œil exercé eut pu reconnaître, du premier coup, à je ne sais quelle raideur, que la meilleure éducation ne peut dissimuler, qu'elle n'appartenait point à la religion catholique.

Quoique protestante, elle trouva, dans la colonie de FONT-ROMEU, l'accueil le plus bienveillant. L'impression produite en son âme fut profonde.

« C'est de voir le bonheur et la joie sur le
« visage de vous tous, écrivait-elle naguère,
« qui m'a d'abord frappée, et puis aussi la
« confiance et la bonté que tout le monde m'a
« témoignée, sachant bien que je n'étais pas
« catholique et n'avais pas envie de l'être. Je
« croyais la religion catholique si triste ! » (1)

---

1. Mgr GERBET a observé avec raison que le spectacle de la charité a touché plusieurs protestants, et, après avoir rapporté un trait admirable des victoires de la charité, à Rome, il ajoute : « Si « les œuvres charitables du catholicisme ont eu cette efficacité à une

La Vierge Marie acheva bientôt sa conquête. Bien que notre inconnue puisât sa nourriture dans les sermons d'un ministre protestant en renom, la grâce intérieure, ménagée par Notre-Dame, finit par remporter son triomphe. Son instruction dans la religion catholique, commencée à Font-Romeu, a été complétée, à Paris, par les Pères *Tesnières* et *Staffort*, du Saint-Sacrement ; elle a fait son abjuration et elle a été reçue, dans le sein de notre sainte Église, le 8 décembre 1889, fête de l'Immaculée Conception.

« Je n'oublierai jamais de ma vie, écrivait-
« elle encore, que c'est à Notre-Dame de
« Font-Romeu que je dois ce grand bienfait,
« et si le bon Dieu m'en fait la grâce, je serai
« heureuse de venir déposer à ses pieds un
« ex-voto en témoignage de reconnaissance. ([1]) »

« époque où le Protestantisme était si intraitable, elles peuvent en
« avoir une plus grande aujourd'hui que tant de préventions hai-
« neuses se sont dissipées. La charité ne peut manquer d'être de nos
« jours le plus sublime controversiste. Aux yeux de tant d'âmes
« incertaines, qui cherchent le vrai sous les traits du bien, quelle
« *Exposition de la foi* que la vie d'une fille de St-Vincent de Paul.
« Le livre de Bossuet ne vaut pas celui-là. La Sorbonne aurait brisé
« toute sa science contre certaines âmes qui ont été vaincues par la
« *charité* des pèlerins ».

1. Je ne crois pas pouvoir encore faire connaître cette convertie de Font-Romeu autrement que par les initiales de son nom : Anne-Sophie Fog...... demeurant à Paris, aux Ternes, Rue X.

Je regarde comme une fortune singulière de pouvoir terminer cette *Histoire* par le récit de cette grâce récente, dont j'ai été en partie le témoin et qui est plus grande à mes yeux que toutes les guérisons, même les plus extraordinaires, obtenues jusqu'à ce jour, ou relatées dans cet écrit.

CHAPITRE QUATRIÈME.

Appendice.

Le Touriste à Font-Romeu.

I. — Itinéraires. — II. Excursions à la source de la *Tet*, aux étangs de *Carlit* et aux *Bullouses*; à l'étang de *Lanoz*. — III. La Cerdagne à vol d'oiseau. — IV. Conclusion.

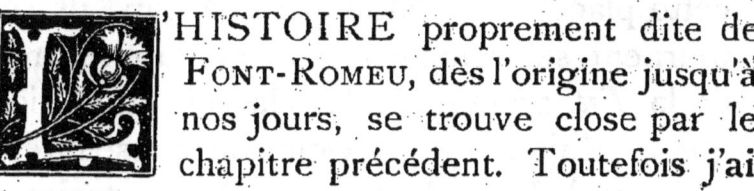'HISTOIRE proprement dite de Font-Romeu, dès l'origine jusqu'à nos jours, se trouve close par le chapitre précédent. Toutefois j'ai cru faire œuvre utile d'ajouter, sous forme d'appendice, pour les pèlerins, les divers itinéraires qui peuvent les conduire à notre béni Sanctuaire, et, pour les simples touristes, que passionne l'amour de la grande et belle nature, l'esquisse rapide des excursions que leur offre le pays d'alentour.

J'ai déjà dit, aux premières pages de ce livre, que, par une disposition manifestement providentielle, Font-Romeu se trouve situé aux confins et à l'origine même de quatre vallées, qu'arrosent la *Tet*, l'*Aude*, l'*Ariège*, le *Sègre*, comme si Dieu avait voulu ouvrir des voies nombreuses et faciles, pour appeler sur ce point, prédestiné au culte de Marie, les populations et les foules les plus diverses.

Pour se rendre à FONT-ROMEU, les pèlerins du CONFLENT, du ROUSSILLON et du VALLESPIR, n'ont qu'à prendre le chemin de fer, qui les porte de *Perpignan* à *Prades*, et la route nationale, qui les conduit ensuite, par une ascension continuelle, de cette dernière ville jusqu'à *Mont-Louis*. S'ils ne font point d'arrêt, dans cette place forte, bâtie par Vauban, ils contournent ses remparts, suivent la rive droite de la *Tet*, s'engagent dans la voie stratégique que le génie militaire vient de construire et arrivent à FONT-ROMEU, après un trajet de sept kilomètres à travers les forêts.

Les pèlerins de la CATALOGNE ESPAGNOLE remontent le cours du SÈGRE, viennent à *Puigcerda* et à l'établissement thermal de *Villeneuve-des-Escaldes*. De là, ils prennent la belle route de la *Solana*, qui domine toute la CERDAGNE FRANÇAISE et l'enclave de *Llivia*, traversent *Angoustrine* et *Targasona*, arrivent à *Odello*, saluent l'Image de la Madone et gravissent, à dos d'âne ou à pied, le chemin montant, rocheux, malaisé, mais par bonheur de courte durée, qui les introduit dans la forêt et bientôt après dans le Sanctuaire de la Vierge.

Deux voies sont ouvertes aux pèlerins du LANGUEDOC : La première remonte le cours de l'ARIÈGE par *Foix, Tarascon,* les *Bains d'Ax,* l'*Hospitalet* et le *Col de Pimorens,* ou *Puig-Morens,* descend à *Bourg-Madame* par la *Vallée de Querol,* que la rigueur du climat, pendant l'hiver, les tourbillons de neige et les tempêtes ont fait appeler, par ses habitants, la *Vallée de la colère* ou *Vall de la Ira,* et rejoint, par *Ur,* la route de la *Solana;* la seconde remonte le cours de l'AUDE, par *Limoux, Alet, Quillan,* les *Bains d'Axat* ou de *Carcannière,* pénètre dans la gracieuse vallée du *Capcir,* que la variété des cultures et le morcellement des propriétés feraient comparer aux carrés fleuris et verdoyants d'un vaste parc anglais, traverse, dans sa longueur, la magnifique forêt de pins de la *Mata* et vient, par le *Col de la Quillane* et la *Llagone,* aux glacis de *Mont-Louis* et à la voie stratégique qui s'avance dans la forêt même de FONT-ROMEU jusqu'aux *Estanyols* (1).

Une fois parvenus au terme de leur course, les pèlerins trouvent une hospitalité, qui n'est pas luxueuse sans doute, mais qui doit suffire aux goûts modestes des visiteurs. Le digne

---

1. Petits étangs presque desséchés.

Curé du lieu et le Paborde mettent tout en œuvre pour leur donner pleine satisfaction. La nourriture est abondante, saine, quelquefois même délicate, toujours assaisonnée d'excellent appétit, le vin généreux, l'eau fraîche et glacée naturellement, si l'on veut, la chambre, propre, chaude et commode. Que faut-il de plus ?

Les buts de promenade les plus fréquentés, à FONT-ROMEU même, sont le *Calvaire*, la *Cabane du garde-forestier*, les *Semis* et le *Pla de Barrès*, les chemins d'*Egat* et d'*Odello*, avec leurs petits oratoires et leurs accidents variés.

II. — Mais si les visiteurs de FONT-ROMEU portent dans l'âme l'amour des grandioses spectacles de la nature, ils peuvent du Sanctuaire, comme d'un centre, rayonner dans le pays des alentours, et, par des excursions multipliées, donner libre et vaste carrière à leur désir de voir et de sentir et de louer le Créateur.

Je mettrai au premier rang de ces courses pittoresques, de ces vols de l'âme, la visite aux *Sources de la Tet*. Partis avant l'aurore, vous gravissez les pentes douces d'un immense plateau, planté de jeunes pins, et vous arrivez, sans fatigue, au *Col de la Calme*. Vous jouissez presque aussitôt du ravissant spectacle que vous offre le *Pla des Abellans*, vous traversez la *Forêt des Esquits*, vous descendez les escarpements granitiques du *Bac de Bolquère*, où les aigles ont leurs nids et les renards leurs tanières, et vous faites une première halte, sur les bords du charmant étang de *Paradeilles ;* vous prenez votre écuelle de lait, à la cabane des bergers, et vous considérez, en vous reposant, les truites qui frétillent, bondissent dans l'air ou font la chasse des insectes, à la surface des eaux.

Vous reprenez votre marche, en côtoyant la rive droite des marais des *Bullouses*, où la *Tet* a creusé son lit, et vous vous arrêtez en face du magnifique vallon de *la Grave*, près d'une seconde cabane, dont les bergers, étonnés et heureux, s'empressent de vous faire les honneurs. La table est mise promptement et simplement sur une roche nue, exposée au soleil, et vous prenez joyeusement votre froid, mais copieux déjeûner.

Le repas fini et les sacs bouclés, réconfortés par un doux et léger somme, vous vous engagez dans les circuits capricieux que décrit la *Tet* et vous parvenez enfin à sa source, petite fontaine qui s'échappe du pied d'une grande roche granitique, sur les flancs de la montagne de *Puig-Péric* et qui est bientôt grossie par les eaux des glaciers voisins. Il n'est pas rare que des bandes d'isards se montrent, au loin, dans la vallée.

Les beautés de cette splendide et grandiose nature vous font oublier facilement les vingt kilomètres parcourus ; vous revenez sur vos pas, reprenant, avec un égal plaisir, votre marche à travers les mêmes merveilles, et vous rentrez, à la tombée de la nuit, dans le Sanctuaire, lorsque déjà la cloche annonce la prière, ivres de joie, pleins d'enthousiasme, le cœur ému et l'esprit enrichi d'abondantes lumières et des plus vives images de la majesté de Dieu.

L'excursion aux *Étangs de Carlit* a aussi son charme, quoiqu'elle ne produise pas les mêmes impressions. Pour l'accomplir sans fatigue, vous devez prendre, à gauche de la Chapelle, les pentes du *Roc et du col de la Calme* et arriver à ce sommet, aux premiers feux du jour. Vous pouvez contempler alors d'un côté, la chaîne mouvementée des montagnes d'*Urgel*, et de l'autre, au fond de la vallée, la rivière d'*Angoustrine*, dont les flots, dorés par les rayons du soleil, serpentent en mille petits canaux, creusés naturellement dans une épaisse couche de verdure, et brillent à vos yeux, comme des diamants étincelants et enflammés qui ruissellent sur un immense tapis d'émeraudes. Si votre cœur n'est pas plus dur que le granit que vous foulez aux pieds, j'ose prédire et affirmer qu'il vous sera difficile, en ce moment, de retenir vos larmes et le cri spontané de votre enthousiasme.

Vous faites une première halte, à la *Fontaine de la Mole*, pour prendre une gorgée de son eau, tempérée par le mélange de quelques gouttes d'eau-de-vie ou de toute autre liqueur cordiale, et vous descendez lentement dans la vallée de *Bonas-Horas*, où vous trouvez en dépaissance, l'innombrable troupeau des vaches et des juments de *Llivia*. S'il vous était donné, comme à moi-même, de voir, sur cette étendue indéfinie de gazon, au milieu de deux ou trois cents cavales, lancé à bride abattue, un habile écuyer, monté sur un étalon de Syrie, vous auriez sous les yeux la représentation vivante du cheval arabe dépeint au *Livre de Job* [1].

---

1. *Il s'émeut, il bouillonne, il dévore la terre, il ne se contient plus*, etc. C. XXXIX, v. 24.

Avant de gravir les contreforts de *Carlit*, vous étendez votre serviette ou vous déposez simplement votre sac sur quelque dalle de granit, et vous faites provision de forces nouvelles, pour une ascension, qui, sans présenter des difficultés sérieuses, exige cependant un large souffle de poitrine et le nerf de souples et solides jarrêts. Vous grimpez sur ces montagnes nues, trop froides pour la végétation ordinaire. Vous rencontrez çà et là, sur vos pas, les ossements desséchés et blanchis de quelques proies dévorées par les loups, et vous n'avez pour tout spectacle encore, que l'énorme masse de la montagne, qui se dresse à distance devant vous, avec sa dentelure de pics espacés et sublimes.

En côtoyant les lacs, qui s'échelonnent sur la montagne et ceignent ses flancs de plusieurs bandes superposées d'azur, le frisson vous saisit malgré vous, si la conversation éveille le souvenir de quelque crime commis dans ces lieux solitaires, et vous arrivez enfin, vers le milieu du jour, à la cabane de l'*Estany-Llarch*, où les pêcheurs prévenus ont eu soin de capturer pour vous toute une provision de truites saumonées.

Le Docteur Louis Companyo, dans son *Histoire naturelle du Département des Pyrénées-Orientales* (1), a décrit, avec une exacte vérité, l'aspect imposant du paysage que l'on a sous les yeux et défini le sentiment qui pénètre l'âme d'admiration pour cette nature sauvage, lorsqu'on a exploré les gorges de ces montagnes et qu'on est parvenu sur le plateau que couvre presque l'*Estany-Llarch* (2). Je me plais à le citer pour l'agrément de mes lecteurs.

« A gauche, se déroule la grande *Bouillouse* et l'échappée de *la Coma de la Tet* ; à droite s'étend le *Pla de Bonas-Horas* et le *Riveral de Carlite ;* en face s'élèvent des monts sans nombre, couronnés de beaux arbres ; un peu plus loin se montrent les escarpements du *Mal-Pas*, et au fond du tableau se découpent les silhouettes de la montagne du *Bac de Bolquéra*, couverte de pins dont la sombre verdure contraste avec les guirlandes roses et jaunes des rhododendrons et des genêts qui croissent à leurs pieds.

« Assis sur une large dalle de granit, nous contemplions les magnifiques effets de lumière

---

1. Tome I, p. 80, 81.
2. *Étang long.*

dont le soleil couchant animait tour à tour ces cimes désolées ; puis nos yeux, s'abaissant vers la *Jasse de Bonas-Horas*, admiraient la patience des bergers, occupés à façonner des sabots et à tailler des socs de charrue dans des troncs d'arbres dérobés aux forêts de l'État de la contrée. Le bétail éparpillé pêle-mêle, dans cette vaste savane d'une lieue d'étendue, attirait aussi nos regards.

« Tout à coup le soleil disparaît derrière les montagnes de l'Andorre ; et au silence profond de cette solitude austère, succède un bruit confus de clameurs, que dominent la voix des bergers et le tintement de milliers de sonnettes : c'est qu'alors le moment est venu pour tous les bestiaux de rentrer à la jasse, pour y passer la nuit, de reconnaître leur chef et de se ranger autour de lui. On les voit accourir de tous côtés par groupes confondus ; il semble que le plus grand désordre préside à ce rassemblement ; mais bientôt l'instinct les guide et indique à chacun le terrain qu'il doit occuper sur ce champ de manœuvres, que se partagent quarante ou cinquante troupeaux différents.

« Aussitôt que le bétail est parqué sur la jasse, abritée du vent du nord par un relief de montagne, les bergers rentrent à la cabane pour préparer leur souper ; ils allument un grand feu, et, sur la flamme ondoyante, ils suspendent un chaudron d'eau limpide, dans lequel, pour tout assaisonnement, ils jettent une poignée de sel et quelques brins de serpolet, cueillis sur les roches voisines. Après quelques bouillons, le liquide est versé dans de grandes écuelles en bois où sont coupées à l'avance quelques tranches de pain noir ; le *Majoral*, ou chef des bergers, répand sur le tout, d'une main parcimonieuse, quelques gouttes d'huile rance, et chacun mange avec appétit ce mets un peu trop primitif et léger pour des estomacs si robustes ; quelquefois comme dessert l'on boit une jatte de lait, reste de celui trait le matin avant le départ des vaches de la jasse, ou bien l'on cause un moment, on se chauffe et l'on dispose sa couche, comme on l'entend, pour passer la nuit. »

Si l'on n'a point, comme le Docteur Companyo, le loisir ou la force de passer la nuit, toujours froide dans la cabane du mont *Carlit*, il faut, après le repas et le repos de midi, reprendre son bâton et son sac et regagner, par le même chemin, le Sanctuaire de Font-Romeu.

De *Carlit*, ou mieux encore du vallon de *la Grave*, les touristes qui ne redouteraient pas le froid de la nuit, toujours très vif dans ces parages, quand il ne descend pas jusqu'à zéro, même au plus fort de l'été, et qui s'accommoderaient de prendre leur repos, dans une simple couverture, sur une couche de mousse sèche, près d'un bon feu, alimenté de grosses branches de pins ou de troncs d'arbres entiers, pourraient se rendre sans fatigue à l'*Étang de Lanoz*, le plus beau sans contredit et le plus élevé de nos contrées. Ils n'auraient qu'à franchir la crête de ces montagnes et descendre leur versant septentrional.

Mais l'accès de ce lac imposant est plus facile par la *Vallée de Querol*. Si l'on choisit cette dernière voie, l'on part en voiture d'*Odello* et l'on fait station, pour une nuit, dans le village de *Porté*. L'on trouve là bon souper et bon gîte, à l'auberge *Michette*, à la condition toutefois, pour le dernier point, que la caravane ne sera pas trop nombreuse; sinon vous êtes exposé à n'avoir pour partage qu'une couchette à bascule ou bien un lit à deuxième ou troisième étage, qu'il vous faudrait escalader, à l'aide de quelque vieux meuble.

La soirée peut être employée à visiter *Puig-Morens* et à chercher des montures et des guides. Le lendemain, au point du jour, vous prenez lentement la rive droite de *Font-Viva*. Des sentiers vertigineux où vous grimpez, si votre tête est solide, vous contemplez à loisir le magnifique jeu des cascades qui se succèdent, tombent, se précipitent à travers les mille accidents de la rivière, encaissée dans des masses de granit ; et vous arrivez, après une ascension de trois heures, à la hutte des pêcheurs de *Lanoz*.

L'étang merveilleux qui porte ce nom est situé à deux mille quatre cents mètres d'altitude. Son contour n'a pas moins de deux lieues d'étendue. Il reçoit par des ruisseaux innombrables, des hautes cimes qui le dominent et le couronnent, en flots abondants, des eaux qui semblent précipiter leurs chutes, pour cacher leur blancheur virginale dans l'azur profond de son sein.

L'on a souvent décrit le lac de *Gaube* et le cirque de *Gavarnie*. *Lanoz*, qui ne le cède en rien à ces lieux tant vantés, a des beautés incomparables. C'est un miroir concave, encadré de montagnes, hautes de cinq cents mètres et couvertes de neige, où les feux du soleil semblent accroître leur éclat ; le firmament se réfléchit, la nuit, dans ses ondes pures et tranquilles. Si l'on pouvait, à ces heures, parcourir ses rives, l'on croirait sans doute, avec le poète, suivre les astres dans leur course à travers l'azur. Les isards se promènent paisiblement sur ses bords. C'est leur demeure habituelle et comme leur parc réservé.

Le chant des trois jeunes Hébreux semble fait pour énumérer et exalter ses magnificences. Il déborde, à sa vue, de votre âme, dans laquelle s'éveillent les plus belles images. Vous avez peine à rassasier vos yeux de ce spectacle, et c'est à regret que vous quittez un lieu dont les aspects variés vous ont si profondément remué. Mais il faut songer à la voiture de louage qui vous attend, à *Porté*, et qui vous ramène avec rapidité au point de départ de la veille, à Odello.

III. — C'est là qu'il faut revenir encore pour faire le tour de la Cerdagne. Cette dernière excursion n'est pas de nature à produire en vous les émotions des sommets et des étangs explorés, mais elle ne manque pas de charme. De la route de *la Solana*, vous avez en face et vous embrassez du regard la vallée d'*Eyne*, où chaque jour du printemps voit éclore des amas de fleurs, les gorges escarpées de *Llo*, le nid de verdure qui entoure *Saillagouse*, le frais et gracieux vallon d'*Err*, les vastes champs de froment d'*Osséja* et de *Palau*, les noires forêts de *Valcebollera*, les riches prairies qui bordent le cours du *Sègre*, et par delà *Bourg-Madame* et *Puigcerda*, le fond ravissant de la *Cerdagne espagnole*.

Poursuivant votre course, vous laissez, à droite, *Egat*, sa tour en ruines et ses rochers, vous traversez *Targasona* et le plateau où gisent d'énormes blocs de granit, jetés là sans doute par quelque Deucalion inconnu ou laissés sur place par les héros de la légende, comme les restes de leurs gigantesques jeux; vous descendez, par ses pentes rapides, à *Angoustrine*, le village le plus coquet et le plus charmant de la *Cerdagne française*, et vous remontez à l'établissement thermal des *Escaldes*, que vous visitez avec curiosité et où vous êtes sûr de trouver votre réfection toujours prête et le plus sympathique accueil.

Après le repas, vous saluez *Dorres* et *Notre-Dame de Belloc*, qui veille sur tout le pays, vous prenez à *Ur*, la rive droite du *Régur*; vous jetez un regard sur *Llivia*, adossée contre un énorme et aride mamelon; vous gravissez la rampe qui vous introduit en terre espagnole et vous pénétrez à *Puigcerda*, en longeant sa pièce d'eau et les villas que les riches négociants de Barcelone ont eu le bon goût d'y bâtir.

Vous visitez l'église basse et sombre de *Sainte-Marie*, la *Piéta* d'*Amadeu*, dans une chapelle située en face de la maison curiale; vous allez contempler, de la petite place de *Las monjas*, qui se trouve derrière l'hôtel de l'*Ayuntamiento*, la ravissante et enviable vallée de la *Cerdagne espagnole ;* vous faites vos petites provisions de contrebande, et vous passez de nouveau la frontière, qui n'a d'autre indice que la présence, à la tête du pont de *Bourg-Madame*, d'un poste de douaniers espagnols.

Rentré en France, vous suivez la route de la *Baga ;* vous considérez, de ce bas lieu, le pays de la *Solana*, que vous avez parcouru et les hautes montagnes qui le dominent; et vous rentrez par *Saillagouse, le Col de Rigat, la Perche et Bolquera*, à *Odello* et, de là, à FONT-ROMEU, surpris d'avoir éprouvé tous les tressaillements et les éblouissements que peuvent donner à d'autres peut-être la Suisse ou les Hautes et Basses-Pyrénées (1).

IV. — En terminant cet écrit, je sens le besoin d'observer encore que j'ai voulu avant tout plaire à l'Immaculée Vierge-Mère et Reine du Très Saint Rosaire et me délier d'un vœu déposé à ses pieds. Je la supplie très humblement d'agréer ce travail, malgré ses défauts. Si je ne craignais de lui faire injure, je dirais qu'il est plus son œuvre que mon œuvre, me berçant de cette douce illusion qu'Elle y a mis sa main.

Je soumets sans réserve ce livre au jugement de mes Supérieurs ecclésiastiques, et je déclare hautement qu'en relatant les guérisons et faits extraordinaires attribués à l'intervention de NOTRE-DAME DE FONT-ROMEU, je n'ai pas voulu m'arroger le droit de définir leur caractère; je me suis borné au simple rôle d'historien. Je suis prêt d'ailleurs non seulement

---

1. C'est à dessein que je n'ai rien dit, dans cet ouvrage, de la botanique, ni de l'entomologie, qui peuvent faire, dans les excursions décrites, de si précieuses collections. Tous les renseignements utiles sur ces matières sont déjà consignés dans d'autres écrits.

Je n'ai pas cru devoir parler non plus des monuments que l'archéologue a la joie de découvrir, çà et là, dans les églises, ni des précieux fragments qui seront mis en œuvre un jour pour l'histoire de l'Architecture romane dans notre pays.

à effacer toute expression qui aurait dépassé ou trahi ma pensée, mais encore à supprimer le livre même, sur un signe de leur Autorité, s'ils le jugent nécessaire.

— A mes lecteurs, je demande un peu d'indulgence pour un opuscule qui en a tant besoin et j'ajoute, en empruntant le langage d'un écrivain illustre : « Je ne sais pas si ce « livre fera un peu de bien à quelques person- « nes : tout ce que je sais, c'est qu'il m'en a « fait beaucoup. Je l'ai commencé avec amour « et je l'ai terminé avec reconnaissance.

« Une semblable étude rafraîchit tous les « bons sentiments du cœur, et dans ces jours « de tempêtes, elle répand une nouvelle séré- « nité dans l'âme. Il ne faut pas sans doute « attacher trop d'importance au charme que « nous trouvons dans certains travaux : les « livres faits avec plus de goût courent risque « d'être faits avec moins de charité. Nous « n'en devons pas moins remercier la bonté « divine, lorsqu'elle nous compose des plaisirs « avec des devoirs [1]. »

C'est assez dire que j'ai trouvé déjà dans ce travail ma récompense. Mais toute mon ambition serait remplie, si ce livre attirait au

---

1. GERBET, *Esquisse de Rome Chrétienne*. Préface.

Sanctuaire de Font-Romeu un plus grand nombre de pèlerins et à Marie de plus continuels hommages ; s'il contribuait à maintenir le caractère essentiellement ecclésiastique et religieux de son *Œuvre ;* et s'il faisait admettre la nécessité de donner aux vieux corps de logis une disposition plus convenable et à l'église un agrandissement et une transformation architecturale que réclament l'immense concours du peuple fidèle et l'importance même du Sanctuaire.

GOIGS[1]
DE
NOSTRA-SENYORA
DE FONT-ROMEU,
QU'ES CANTAN
en la sua santa Capella.

CANTIQUE
DE
NOTRE-DAME
DE FONT-ROMEU,
QUE L'ON CHANTE
en sa sainte Chapelle.

O patrona y advocada	Protectrice révérée
De tot lo poble de Dèu	De tous les fils du vrai Dieu,
Ohiunos, Verge Sagrada	Aidez-nous, Vierge sacrée,
Maria de Font-Romeu !	Patronne de Font-Romeu.

I.

En una freda montanya	Sur une froide montagne
Del terme de Odelló,	Près du fertile vallon
En la terra de Cerdanya,	D'Odello, dans la Cerdagne,
Als confins del Rosselló	Aux confins du Roussillon.
Vos de tots sou venerada	De tous, Elle est vénérée,
Com digna Mare de Déu	L'auguste Mère de Dieu !
Ohiunos, Verge sagrada, etc.	Aidez-nous, Vierge sacrée, etc.

II.

Lo Rey eternal de gloria	Le Roi d'éternelle gloire
Qui de tot temps vos honrá,	Lui qui d'honneurs vous combla
Per fer de vos gran memoria,	Pour la plus grande mémoire

O Patronne et Advocate de tout le peuple de Dieu, Écoutez-nous, Vierge sacrée, Marie de Font-Romeu. — Sur une froide montagne, du territoire d'Odello, dans la terre de Cerdagne, aux confins du Roussillon, vous êtes de tous vénérée, comme la digne Mère de Dieu. Écoutez-nous, Vierge sacrée.

Le Roi éternel de gloire qui de tout temps vous honora, Pour faire

---

1. La traduction, presque littérale et en vers, du texte catalan des GOIGS a été faite par *M. Silvestre Villelongue* et publiée par lui, en 1858. J'ai cru utile d'ajouter une traduction plus exacte ou plus servile de la composition originale. Dans sa versification, M. Villelongue, suivant le rythme de la poésie catalane, a été forcé d'employer plusieurs fois l'assonance au lieu de la rime pleine.

Vostra Imatje revelá,
En la montanya nevada
De aquest mont Pireneu ;
Ohiunos, Verge Sagrada, etc.

Votre Image révéla
Dans cette froide contrée
De Pyrène au front neigeux :
Aidez-nous, Vierge sacrée, etc.

III.

Miracle certament gran
Fou quant un toro salvatje,
Prop de la font pasturant,
Descubri la vostra Imatje
Que essent aixi trobada
Alabáren tots á Déu :
Ohiunos, Verge Sagrada, etc.

III.

Miracle !! un taureau sauvage,
Près de la source paissant,
Découvrit la sainte Image...
Et, d'un cœur reconnaissant,
Pour la Vierge recouvrée,
Chacun glorifia Dieu :
Aidez-nous, Vierge sacrée, etc.

IV.

No s'pot dir quant admirable
Es aquesta Imatje vostra,
Per la virtud saludable
Que en ella se demostra,
Donant salut desitjada
Als malalts que vos voléu :
Ohiunos, Verge Sagrada, etc.

IV.

Oh ! combien est admirable
Votre Image, quand soudain
Vous redonnez, secourable,
Par un pouvoir souverain,
La santé si désirée
Au pauvre infirme en ce lieu !
Aidez-nous, Vierge sacrée, etc.

V.

Naix d'esta capella santa
Al baix de vostre altar,
Una font freda que espanta,

V.

Dans cette chapelle sainte
La source, au pied de l'autel,
Transforme sa froide étreinte

de vous grand renom, révéla votre Image sur la montagne neigeuse de ce mont Pyrénéen.

Ce fut certes un grand miracle, quand un taureau sauvage, Près de la fontaine paissant, découvrit votre Image. De ce qu'elle fut ainsi trouvée, tous glorifièrent Dieu.

L'on ne peut dire combien est admirable cette Image vôtre, Par la vertu salutaire qui se manifeste en elle, car elle donne la santé désirée aux malades que vous voulez.

Il naît de cette chapelle sainte, au pied de votre autel, une fontaine

Formant un bany singular,
Que es medecina probada
Fent suar tant com se déu
Ohíunos, Verge Sagrada, etc.

En un bain surnaturel,
De sueur inespérée
Couvrant le baigneur pieux :
Aidez-nous, Vierge sacrée, etc.

VI.

Als devots d'esta comarca
Que ab gran devoció,
Vos veneran com á arca
De confederatió,
Confiam, Reyna exaltada
Que favor los donaréu.
Ohíunos, Verge Sagrada etc.

VI.

Tout fils de cette vallée,
Voit, avec dévotion,
En vous l'arche vénérée
D'alliance et d'union :
Notre espoir, Reine admirée,
Est en vos dons précieux.
Aidez-nous, Vierge sacrée etc.

VII.

Los fidels que quiscun dia
Vos venen á visitar,
Suplican, Verge Maria,
Que n'ols vulgau olvidar
Y que essent de Déu amada
Per ells vos lo reclaméu :
Ohíunos, Verge Sagrada etc.

VII.

Vers vous, source de la vie,
Les fidèles d'accourir,
Pour qu'il vous plaise, ô Marie,
Dans leurs maux les secourir,
Et que de Dieu préférée
Vous intercédiez pour eux.
Aidez-nous, Vierge sacrée etc.

O Verge immaculada,
Vos pregam qu'ens amparéu !
Ohíunos, Verge Sagrada, etc.

Sainte Vierge immaculée
Soyez propice à nos vœux !
Aidez-nous, Vierge sacrée etc.

froide, admirable, formant un bain singulier qui est un remède éprouvé, faisant suer autant qu'il le faut.

Aux dévots de cette contrée, qui, avec grande dévotion, vous vénèrent comme leur arche de confédération, nous avons la confiance, sublime Reine, que vous accorderez votre faveur.

Les fidèles qui chaque jour vous viennent visiter, vous supplient, Vierge Marie, de vouloir bien ne pas les oublier et d'intercéder pour eux auprès de Dieu, dont ils vous savent aimée.

O Vierge Immaculée, nous vous prions de nous protéger. — Écoutez-nous.

294   CHANT TRADITIONNEL DES GOIGS.

Vos de tots sou ve-ne - ra-da, Com di-gna Ma-
De tous elle est vé-né - ré-e, L'au-gus-te Mè-

-re de Dèu : O - hiu nòs Ver - ge sa-
-re de Dieu : Ai - dez-nous, Vier - ge sa-

gra - da, Ma - ri - a de Font Ro - meu !
cré - e, Pa - tron - ne de Font Ro - meu !

TABLE DES MATIÈRES.

Pages.

Préface... I

LIVRE PREMIER.
Les Origines.

Chapitre I. — Introduction. — Le culte de Marie dans les anciens comtés de Roussillon et de Cerdagne. ... 3

I. Caractère général du culte de Marie : Il est universel. — II. Caractère particulier de ce culte dans certains peuples. — III. La Catalogne : Jardin de Marie. — IV. Anciens comtés de Roussillon et de Cerdagne.

Chapitre II. — Inventions des antiques madones de la Principauté de Catalogne.... 18

I. Observations générales sur ces Inventions. — II. Circonstances particulières dans lesquelles elles se produisent. — III. Légendes qui s'y rapportent.

Chapitre III. — Invention de Notre-Dame de Font-Romeu... 27

I. La date de cette Invention. — II. Première légende. — III. Harmonies ou convenances du lieu de Font-Romeu avec sa destination providentielle.—IV. Le site de Font-Romeu.

Chapitre IV. — Images de Notre-Dame de Font-Romeu... 43

I. Caractères généraux des antiques madones de la Principauté de Catalogne. Type byzantin. — Type latin. — II. — Images de Notre-Dame de Font-Romeu : Image de l'Invention, sa description et sa conformité avec le type latin. Deuxième image : sa description. *Original ou copie ?* Troisième image : *La Vierge noire.* Quatrième image : la statue d'Oliva.

CHAPITRE V. — Dénomination du lieu de Font-Romeu. 61

    I. Le nom de FONT-ROMEU : sa composition et son étymologie. — II. Variante ajoutée à la légende de CAMOS et reproduite par le ciseau de SUNYER.

LIVRE DEUXIÈME.
Le culte de Marie à Font-Romeu.

CHAPITRE I. — Inauguration du culte de Marie à Font-Romeu... 79

    I. Pèlerinages, *aplechs* et jours de fêtes. — II. Inductions chronologiques. — III. Les GOIGS.

CHAPITRE II. — Le Sanctuaire... 100

    I. L'édifice extérieur : le premier oratoire ; ses agrandissements successifs ; les contreforts *(garrafas)* ; le clocher. — II. L'édifice intérieur : chapelles et retables ; l'œuvre de JOSEPH SUNYER à FONT-ROMEU. — III. LE CAMARIL. — IV. Autels de saint Jean-Baptiste et de saint Joseph.

CHAPITRE III. — *Fons salutis Maria* ... 131

    I. La source et la piscine. — II. Guérisons obtenues. — III. Les Ex-Voto. — IV. Le Calvaire.

LIVRE TROISIÈME.
L'Œuvre de Font-Romeu.

CHAPITRE I. — Les revenus de l'Œuvre de Font-Romeu et leur emploi ... 159

    I. Diverses sources de revenus : Les produits de la Chapelle. Fondations et redevances annuelles. Possessions et *héritage* de Notre-Dame. Quêtes générales. Vente d'objets de piété. — Hôtellerie. — II. Construction et entretien des bâtiments de FONT-ROMEU. La première maison. La maison du *Bain* ou de la Piscine. L'*Obra-Nova*. Achèvement de l'aile orientale. L'aile récente.

CHAPITRE II. — Organisation et administration de l'Œuvre de Font-Romeu... 170

   I. Organisation et personnel de l'ŒUVRE : *obrers, pabordes et pabordesses ;* leurs attributions, obligations et émoluments ; *obrer majeur* et administrateur ; Ermite-quêteur. — II. Caractère propre de l'ŒUVRE ; tentative de la Communauté séculière d'Odello ; — abus et répression. Issue du conflit.

CHAPITRE III. — Contrôle et ordonnances des évêques d'Urgel sur l'administration de Font-Romeu... 179

   I. Juridiction et visites des évêques d'Urgel ; visiteurs délégués. — II. Ordonnances de Mgr de GUINDA Y APEZTAGUI sur les diverses parties de l'administration de l'Œuvre. — III. Approbation et confirmation des mêmes par le Dr MICHEL AYMAR, official et visiteur au nom de Mgr SÉBASTIEN DE VICTORIA EMPARAN Y LOYOLA. — IV. Ordonnances de Mgr CATALAN Y DE OCON. Règlement pour le vicaire de FONT-ROMEU. Modifications opérées par Mgr DE XATIVA. Dernières visites épiscopales. Suspension du culte à FONT-ROMEU.

LIVRE QUATRIÈME.

Histoire contemporaine.

CHAPITRE I. — Restauration et reconnaissance officielle de l'Œuvre de Font-Romeu 205

   I. Font-Romeu pendant la Révolution. Décret impérial de 1806. Ordonnances de *Mgr de Laporte*, évêque de Carcassonne. Maintien du caractère primitif de l'Œuvre. — II. Le 8 septembre à FONT-ROMEU, dans la première moitié du XIXe siècle ; nouvelle tentative de la Communauté séculière d'Odello. — Droit de propriété reconnu à l'Œuvre par l'État.

	Pages.

CHAPITRE II. — Nouveaux progrès et effets de la dévotion à Notre-Dame de Font-Romeu... 221

> I. Inauguration du Calvaire. — II. La dévotion de *Notre-Dame de* FONT-ROMEU dans la ville de Toulouse. Grâces obtenues. — III. Mêmes faveurs à Auch, Bordeaux, La Rochelle... — IV. Notre-Dame de FONT-ROMEU en Crimée et en Afrique. — L'abbé *Raymond* et *M. Le Roy*.

CHAPITRE III. — Font-Romeu dans le temps présent. 240

> I. Les évêques de Perpignan à FONT-ROMEU. Mgr *Gerbet et le Syllabus* à FONT-ROMEU. — II. Le Clergé diocésain à FONT-ROMEU. La fête de la *Visitation*. La colonie séculière de FONT-ROMEU. Régime et ordre du jour. Conversion d'une dame protestante.

APPENDICE. — Le touriste à Font-Romeu... 267

> I. Itinéraires. — II. Excursions à la source de la *Tet*, aux étangs de *Carlit* et aux *Bullouses*; à l'étang de *Lanoz*. — III. La Cerdagne à vol d'oiseau. — IV. Conclusion.

Les Goigs de Notre-Dame de Font-Romeu et leur chant traditionnel... 289

Imprimé par la Société Saint-Augustin, Bruges.

www.ingramcontent.com/pod-product-compliance
Lightning Source LLC
Chambersburg PA
CBHW071253160426
43196CB00009B/1268